후계자 김정은

초판 1쇄 발행 2010년 10월 6일
2쇄 발행 2010년 10월 15일

글 이영종　**펴낸곳** (주)늘품플러스　**펴낸이** 전미정　**기획·교정** 이선영 이정인 위은옥　**디자인·편집** 정윤혜 전혜영 조선희
출판등록 2008년 1월 18일 제2-4350호　**주소** 서울 중구 필동 1가 39-1 국제빌딩 607
전화 070-7090-1177　**팩스** 02-2275-5327　**이메일** go5326@naver.com　**홈페이지** www.npplus.co.kr

ISBN 978-89-93324-19-8 03340　정가 16,000원
ⓒ이영종, 2010

이 책은 저작권법에 따라 보호받는 저작물이므로 무단 전재와 무단 복제를 금지하며,
이 책 내용의 전부 또는 일부를 이용하려면 반드시 저작권자와 (주)늘품플러스의 동의를 받아야 합니다.

후계자
김정은

내게 늘 든든한 울타리이신 부모님

그리고 사랑하는 아내 로사,

아들 성일과 딸 하람에게 고마움을 전하며…

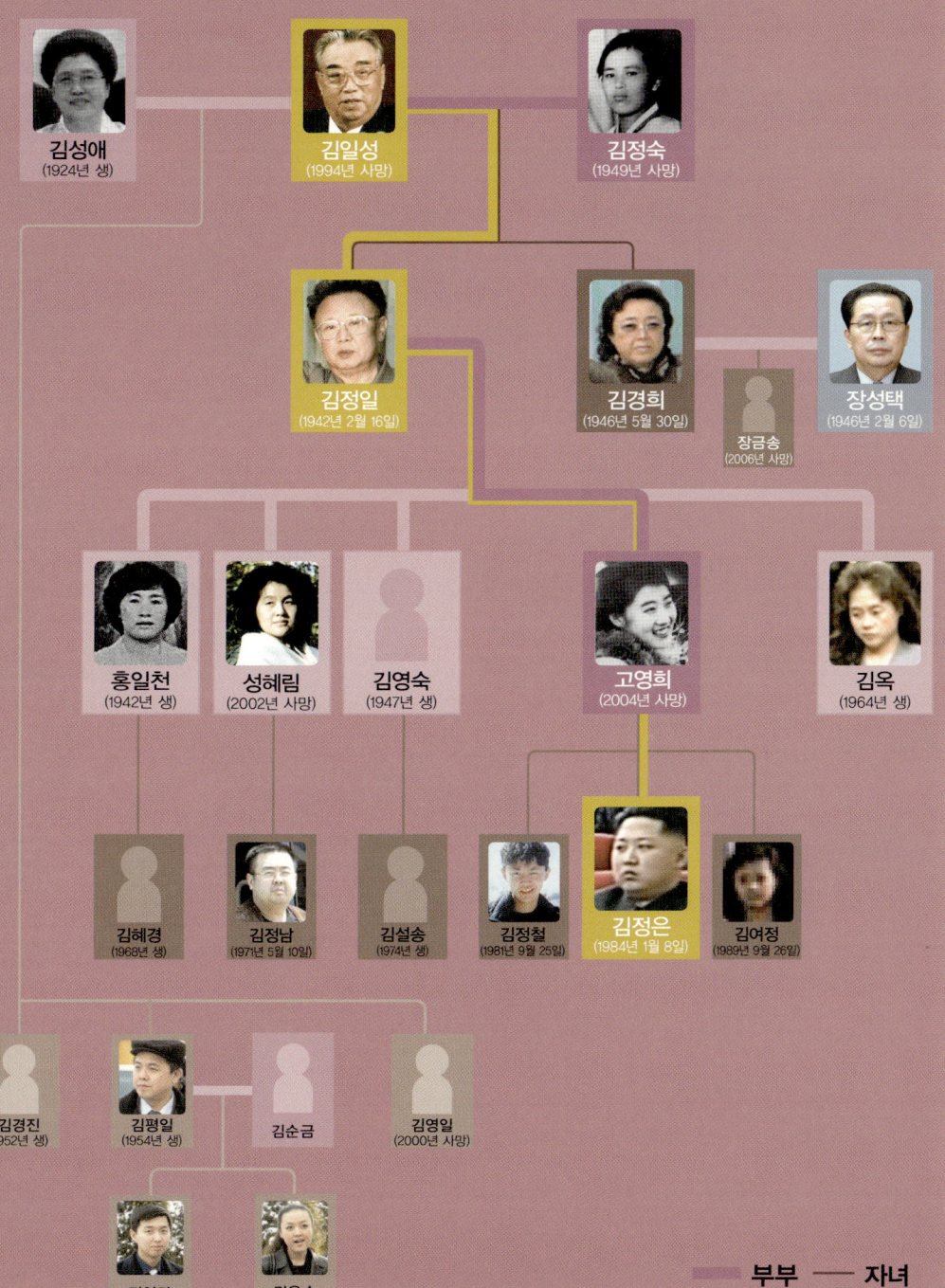

contents

프롤로그

1 베일 속의 후계자

은밀한 합창 〈발걸음〉의 현장… 마침내 포착되다 18
아닌 밤중에 '대장칭호' 홍두깨 20
김일성 후광 겨냥한 검은색 인민복 22
북한판 퍼스트레이디 김옥 24
후계자를 지켜라 26
협동농장 들른 관광객이 건진 대박 28
김정은 사진공개는 천기누설? 30
앵글 따라 신출귀몰하는 사진 속 김정은 31
이름조차 비밀에 싸였던 로열패밀리 상속인 33
일본언론의 오보 해프닝 36
'후계자'로 추대된 보통사람 배씨 38
김정은 얼굴 퍼즐맞추기 41
부르는 게 값, 초상화 입수전쟁 42
한국 외교관 아들이 '김정은'으로 둔갑 46
농구를 좋아한 스위스 유학생 48
'독재자의 아들' 소문 돌기도 51
풀리지 않는 출생의 비밀 54

2 김정은 후계 낙점을 향한 전주곡

나리타공항의 황태자 60
3대 세습 첫 단추 꿰어지다 62
친구의 형수를 빼앗은 김정일 64
버림받은 비운의 여인 성혜림 67
후계구도에서 탈락한 이복형 72
'존경하는 어머니'로 불린 생모 고영희 73
한·미 정보당국 긴장시킨 평양의 젊은이 76
김정일이 한밤중에 기다린 여인 79
암호명 '백두산 세 봉우리' 80
파리서 숨진 고영희 운구 한국정부가 돕다 81
가슴이 불거져 낙마한 둘째 아들 84

3
쓰러진 김정일, 우뚝 선 김정은

후계 0순위에 오르다 88
김정은 등극 예언 적중한 일본인 요리사 90
김정은 생모와 심수봉 노래 함께 듣던 김정일 92
로열패밀리 정보 누설한 후지모토 94
국제전화 감청으로 '결정적 힌트' 얻은 국정원 96
"90세까지 활동" 자신만만했던 김정일 97
군 퍼레이드 불참으로 확인된 김정일 유고 99
"장군님 아주 자나?" 100
무너진 김정일의 금연결심 103
김정일 "내 자식에 맡기고 싶지 않다" 107
"내가 못하면 대를 이어 계속혁명" 108
'김정은 내정' 알린 북한군 대장의 조카며느리 110
후계 낙점받은 막내의 비결 112
노동신문이 '25세 나이' 강조한 속사정 114

4
마침내 쏘아 올려진 후계등극의 축포

국정원, '김정은 후계'를 알리다 118
김정은의 첫 호칭은 '영명한 동지' 119
제왕학 열공중인 김정은 121
"장군님을 가장 빼닮은 분" 123
김정은 '국회의원 선출' 미스터리 124
탈북 여교사의 깜짝 증언 127
장성택, 김정은 후견인으로 낙점 130
'믿을 건 가족뿐' 3대 세습의 시작 133
미스터리로 남은 핵심실세 이제강의 죽음 135
파리 유학 중 자살한 평양 로열패밀리 여대생 138
한 편의 영화 같은 장성택·김경희 러브스토리 141
남한 폭탄주 먹고 몸버린 장성택 142

5 권력투쟁은 시작됐다

평양판 '형제의 난', 우암각 습격 사건 148
김정은의 사조직 '봉화조' 149
칼 겨눈 동생에 격노한 김정남 152
"김정은의 이복형 암살계획 중국이 제동" 153
형제 권력다툼에 옐로카드 꺼낸 오스트리아 155
"후계는 오직 아버님만이 결정" 157
5~6년 동거한 성혜림보다 28년 산 고영희 선택 160
'김정은 후계자격 없다' 소문내는 김정남 163
김정은 형수는 연예인 출신 명품족 168
해외 떠도는 곁가지들 169

6 후계자 띄우기로 들썩이는 공화국

불꽃놀이 축포 대동강을 수놓다 174
남아공 월드컵 깜짝 등장 시나리오 177
사실로 드러난 '경기서 패하면 아오지 탄광' 180
'150일 전투'는 후계자 업적 챙겨주기 182
새단장 나선 김정은 생가 184
김일성-김정일-김정은 출생연도 끝자리 맞추기 186
노동신문 과수원 기사에 담긴 비밀 189
김정일 군복 동상 첫 등장 190
수수께끼로 남은 북한의 침묵 192
"천안함 도발 권력승계와 연관" 195
포사격 전문가로 떠오르다 198

7 후계 데뷔 신호탄된 김정일 중국방문

평양발 특별열차 국경을 넘다 204
'작은 뚱보'로 불린 후계자 206
김정은 수행 가능성 바람잡기 나선 정부 208
'대동강 오리알' 된 카터 211
"주체의 나라가 세자책봉 알현" 비판 213
김정일 "후대에 바통 잘 넘기자" 216
거짓말, 혹은 통역의 실수 219

8 '청년대장'에서 '조선인민군 대장'으로

3대 세습 속도전 224
진통 속에 개막된 당 대표자회 226
김정은의 커밍아웃 파티 227
'9월 상순 개최' 불발 미스테리 229
허위보고에 격분한 김정일 231
대동강 맥주광고에 목날아간 당간부 234

9 왕관 쓰기까지는 험난한 길

김정은 후계에 불만세력도 등장 242
'좌성택' VS '우극렬' 244
퍼스트레이디 김옥 후계구도 변수될까 247
고모 김경희 수렴청정 노리나 249
김정은 리더십 해부한 미국 251
파문 던진 클린턴 국무장관의 후계발언 253
최대변수는 김정일 건강 255
미 대사관, 김정일 수명을 점치다 257
후계수업… 시간이 없다 259
"혈연이라고 추대 않으면 곤란" 261
26세 후계자 떠받들 그룹은 평균연령 74세 263
평양으로 돌아온 금고지기 이철 266
화폐개혁 실패에 후계구도 휘청 267
핵을 쥔 후계자 김정은의 선택 269
김정은이 남북정상회담에 나온다면 271

에필로그

프롤로그

"척! 척! 척! 발걸음. 우리 김 대장 발걸음……."

북녘 땅에 합창곡 〈발걸음〉소리가 울려 퍼지고 있다. 국방위원장 김정일의 후계자로 사실상 등극한 셋째 아들 김정은을 찬양하는 노래다. 비밀리에 진행된 후계내정 과정에서 '얼굴 없는 청년대장'으로 불리던 그는 하루아침에 '조선인민군 대장'으로 공개석상에 데뷔해 평양판 제왕학을 배우고 있다.

60여 년 전 '조선민주주의인민공화국'을 창업한 국가주석 김일성은 장남 김정일에게 권력을 넘겼다. 이제 김정일은 다시 그의 아들인 김정은을 후계자로 삼기위한 옹립작업에 속도를 내고 있다. 봉건왕조에나 있을 법한 3대 세습에 박차가 가해지고 있는 것이다. 인류역사의 흐름에 결코 있을 수 없고, 있어서도 안 될 '공화국'체제 최고 권력의 대물림이 현실화되는 형국이다. 이제 한반도의 절반과 2400만 북한 주민의 운명을 쥐락펴락할 새로운 최고 지도자의 등극을 목전에 두게 됐다.

핵무기와 장거리 미사일을 비롯한 대량살상무기(WMD)와 비대칭 전력 확보를 통해 한반도 정세와 지구촌을 뒤흔들 폭발력을 가진 체제. 경제의 '주체화'를 고창하며 "남에게 빌어먹는 건 죄악"이라고 강조하면서도 대북원조에 인민의 생존문제를 맡길 수밖에 없는 아이러니한 정권. 지구상 가장 큰 골칫거리로 자리매김한 북한이란 국가체제의 상속인 김정은. 그는 할아버지와 아버지의 대를 이어 국제사회에서 고립당하고 지탄받는 탕아가 될 것인가. 아니면 대내외 전략의 코페르니쿠스적 전환을 통해 새로운 국가생존의 길을 모색할 것인가. 평양 로열패밀리의 황태자이자 김일성·김정일이 이끌어 온 '주식회사 조선민주주의인민공화국'의 미래형 CEO 김정은의 베일을 벗겨본다.

SUCCESSOR KIM JONG-UN

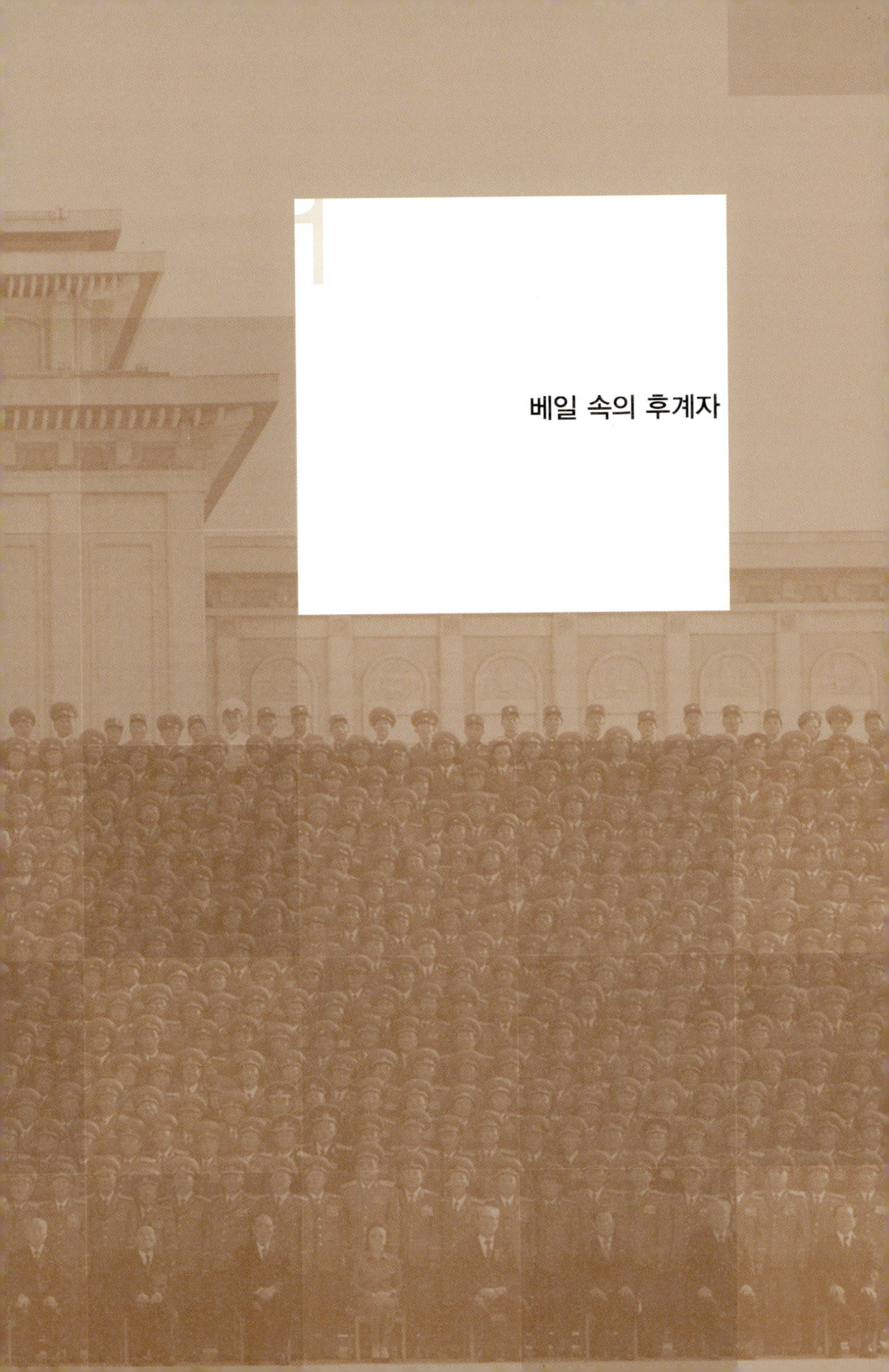

베일 속의 후계자

_____ 은밀한 합창 〈발걸음〉의 현장… 마침내 포착되다

　　　　2009년 10월 9일 밤 북한 관영 조선중앙TV 화면을 모니터하던 서울의 정보기관 북한 정보 분석관이 갑자기 긴장된 표정을 지었다. 김정일 동정보도 가운데 포착된 특이 장면 때문이었다. 뉴스는 국방위원장 김정일이 노동당 고위 간부들을 대동한 채 지방도시에서 공연을 관람했다는 소식을 전하고 있었다. 북한 아나운서의 격정 넘치는 김정일 체제 찬양과 해설이 쉼 없이 이어지던 상황에서 문제의 대목이 화면에 스치듯 지나갔다.

"잠깐, 그 부분 다시 한 번 봅시다."

정밀분석에 들어가 지목했던 장면을 확대하자 무대 정면에 표시된 다섯 글자가 또렷하게 나타났다. '합창 〈발걸음〉'이란 공연해설 자막이었다. 공연 관람자들의 편의를 위해 프로그램 순서를 무대 상단에 글자로 띄워준 것이었다. 말로만 떠돌던 김정일 후계자 김정은의 찬양 합창곡인 〈발걸음〉의 존재가 북한 관영매체를 통해 생생하게 확인되는 순간이었다.

중앙TV가 방영한 〈발걸음〉 합창장면

이 노래는 3절로 구성된 행진곡 풍으로 2009년부터 북한 주

민들에게 본격적으로 보급되기 시작했다. 노래 구절에 등장하는 '김 대장'이란 표현은 김정일의 셋째 아들로 후계자에 유력시되는 김정은을 지칭하는 것으로 해석됐다. 노래 가사 가운데 "우리 김 대장 발걸음 2월의 위업 받들어…" 등은 김정일로부터의 권력후계 진행을 시사하는 것으로 풀이되고 있다. 가사 중 "2월의 위업"은 김정일 생일인 2월 16일을 지칭하며 김정일을 계승하는 후계자가 될 것임을 강조하는 의미로 볼 수 있다. 하지만 그 구체적인 내용과 함께 북한 권력 내부에서 얼마나 퍼져 있는지 등에 대한 정보가 당시로서는 부족한 상태였다. 서울의 대북 정보부처에서는 이를 파악하기 위해 추적을 벌여오던 중이었다. 이 한 장의 장면은 후계체제 구축의 행보를 가늠할 중요한 시금석이 됐다.

김정일의 공연 관람에는 여동생인 김경희 노동당 경공업부장과 남편인 장성택 당 행정부장, 김기남 노동당 비서 등이 함께했다. 장성택·김경희 부부는 후계자로 자리를 굳혀 가야 할 김정은의 가장 든든한 후견인으로 꼽히는 인물이다. 김정일도 '믿을 건 피붙이 뿐'이란 판단에서 김경희 등에게 절대적으로 의지해 왔다. 이는 김경희가 김정일의 공개활동에 수행하는 횟수가 2008년 말부터 부쩍 늘어난 데서도 알 수 있다. 김정일이 후계체제 구축에 핵심적 역할을 하는 것으로 알려진 장성택·김경희 노동당 부장을 포함한 당정 핵심 고위간부와 함께 〈발걸음〉 공연을 직접 관람했다는 것은 후계 문제가 북한 내부적으로는 공식화됐다는 확실한 증거로 받아들여졌다. 과거 김일성이 후계자 김정일을 당 간부들이 있는 공개석상에서 치켜세우며 힘을 실어주던 수준으로까지 김정은 체제 구축이 이뤄지고 있는 것이란 해석도 나왔다.

아닌 밤중에 '대장칭호' 홍두깨

김정일이 김정은 찬양가요 공연을 관람한 사실이 드러난 지 일 년 후인 2010년 9월 28일 오전 1시 46분. 연합뉴스는 긴급기사를 언론사에 전송했다. 제목은 "북, 김정은에 대장칭호… 후계 공식화"로 짤막했다. 하지만 그 내용은 놀라웠다. 김정일이 자신의 후계자로 내정된 것으로 알려진 셋째 아들 김정은에게 인민군 대장칭호를 수여했다는 관영 조선중앙통신의 27일자 보도를 인용한 것이었다. 인쇄를 마무리하던 조간신문들은 메가톤급 뉴스를 어떻게 처리해야 할지를 놓고 부산을 떨어야 했다. 북한군 최고사령관 김정일은 군 지휘관들의 군사칭호를 올려주는 명령 제0051호를 하달했다. 김정은과 함께 김정일의 여동생인 김경희 노동당 경공업부장과 황해북도 도당 책임비서에서 막 중앙무대로 진출한 최용해 등 6명이 대장으로 진급했다. 북한의 대외적인 공식 발표에 후계자 김정은의 이름이 들어간 것은 이것이 처음으로 기록됐다. 김정은 후계구도의 공식화를 의미하는 것으로 받아들여졌다. 이는 곧 역사상 유례없는 3대 세습체제를 구축하겠다는 선언이었다.

대장 진급자 중 김경희·김정은·최용해 등은 군 복무 경험이 전혀 없는 민간인으로 파악됐다. 북한이 군 경력을 갖추지 못한 인물에게 무더기로 대장칭호를 준 것은 전례가 없는 일이다. 때문에 인터넷 등에서는 "병역 면제자들이 대장을 다는 게 말이 되느냐"는 비아냥이 나왔다. 한 당국자는 "일인 통치 국가의 병정놀음을 보는 듯하다"고 꼬집기도 했다. 김정일의 아들 김정은에 대한 대장칭호 부여는 뜻밖의 일로 받아들여졌다. 이 발표가 나온 시점은 북한이 44년 만에 소집한 3차 노동당 대표자회 개막 당일이었다. 세간의 관심이 당 대표자회에 온통 쏠려 있는 상황에서 새벽에 성동격서 식의 기습발표를 한 것이다.

이런 부산함은 이튿날에도 이어졌다. 역시 자정을 넘긴 새벽녘에 김정은이 노동당의 군사정책을 총괄하는 중앙군사위원회 부위원장에 선임됐다는 관영 조선중앙통신의 발표가 나온 때문이다. 이 자리는 예전에 없던 것으로 김정은을 위해 신설된 것으로 파악됐다. 김정은은 124명으로 구성되는 중앙위원에도 이름을 올렸다. 대장 호칭이 있은 지 하루 만에 이뤄진 중앙군사위 부위원장 직책 부여는 후계구축을 가속화할 것임을 예고하는 명백한 징표였다.

김일성 후광 겨냥한 검은색 인민복

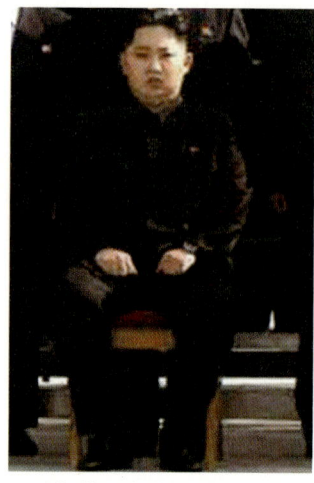

2010년 9월 28일 당 대표자회 기념촬영

김정은 공석등장 분위기를 띄우고 후계구도를 기정사실화하려는 북한의 숨가쁜 행보는 계속됐다. 당 대표자회 개최 이틀만인 9월 30일 관영 조선중앙통신은 3장의 사진을 내보냈다. 당 대표자회 참석자들이 국방위원장 김정일을 비롯한 핵심 간부들과 찍은 사진이었다. 그런데 여기에 김정은이 첫 등장했다. 이 사진은 당 기관지 노동신문 1면에도 실렸다. 사진이 공개된 지 몇 시간 뒤 조선중앙TV도 당 대표자회에 참가한 김정은이 맨 앞자리에서 앉아 있는 모습과 박수를 치는 장면을 녹화로 방영했다. 박수를 칠 때 아버지 김정일과 흡사한 모습을 보여 '부전자전'임을 드러내기도 했다.

김정은의 모습에 대한 한국과 서방 언론의 첫 반응은 "김정일보다 김일성을 더 닮았다"는 것이었다. 사진에 등장한 인물 중 김정은은 유일하게 검은색 계열의 중국식 편의복인 인민복 차림이었다. 생전에 김일성이 즐겨 입던 차림이다. 김정일의 경우 검은색이 아닌 갈색이나 청색 계열을 선호한다. 머리 양쪽을 짧게 자르고 기름을 발라 가르마를 탄 헤어스타일도 김일성의 젊은 시절을 그대로 빼닮았다는 평가였다. 복식과 스타일을 통해 김일성의 후광을 업으려는 고도의 선전술이란 풀이가 나왔다.

언론은 사진을 놓고 김정은 퍼즐 맞추기에 바빴다. 한 언론은 20대의 나이에 비해 살이 많이 찐 것으로 볼 때 비만이 틀림없다는 추정을 내놓았다. 키가 175㎝, 체중은 90㎏ 가량으로 알려져 있다는 점에서다. 이를 토대로 체질량 지수 등을 계산해 제시하기도 했다. 김정은의 건강이상 문제도 등장부터 화제가 됐다. 김일성이 심근경색으로 갑자기 숨졌고 김정일이 당뇨병·고혈압·뇌졸중 등을 앓고 있는 가족력도 문제라는 지적이었다.

관상학적 분석을 통해 김정은이란 인물을 풀어보려는 시도까지 있었다. 한 관상전문가는 "김정일과 김일성 관상의 장점을 합쳐 놓은 것 같다"며 "체격에 비해 미간이 좁아 분석력이 뛰어나고 예리할 것으로 보인다"고 평하기도 했다. 목주름 형태가 삼각형으로 뾰족한데다 입 주변의 살이 두툼한 것을 두고 김정은이 늘 긴장 속에서 인고의 시간을 보내온 것 같다는 풀이도 나왔다. 별로 재미없는 사생활을 영위하는 것 같고 좋은 대학을 나와 집안에 대한 강한 책임감 느끼는 가난한 집의 장남 같은 인상이란 얘기도 불거졌다.

북한판 퍼스트레이디 김옥

북한의 전격적인 얼굴사진 공개는 김정은 후계구도의 스피드를 올리겠다는 의미로 풀이됐다. 공직 부여를 통해 사실상 김정일의 후계자로 공표된 만큼 더 이상 얼굴 공개를 미룰 필요가 없다고 판단한 것이다. '군 대장' 칭호 부여→당 중앙군사위 부위원장 선출→사진공개로 이어진 김정은 후계 띄우기 3일 연속 드라마는 이런 의도를 읽을 수 있게 했다.

김정은이 노동당 대표자회 참가자와 찍은 기념사진은 그를 떠받쳐 갈 평양 권력층의 세력판도를 한눈에 보여줬다. 김정은 등장시대의 새로운 인선 서열에 따라 자리를 잡고 있다는 점에서다. 김정일을 중심으로 좌우로 나눠 양복 차림의 노동당·내각 핵심인사들과 정복차림의 군 간부들이 자리한 모습은 이들이 후계체제의 양대 축임을 상징했다. 사진촬영 장소로 김일성 시신이 있는 평양 금수산기념궁전을 택한 것은 3대 세습의 신고식을 치렀음을 은연 중에 드러내려는 뜻일 수 있다. 김일성의 대형 초상화를 배경으로 한 점도 수령에 대한 절대적 충성을 과시하려는 상징술이다.

김정은은 19명이 앉아 있는 맨 앞줄 정 가운데 있는 김정일로부터 왼쪽으로 두 번째에 자리했다. 검은색 인민복 차림의 김정은은 다소 긴장한 표정으로 두 손을 말아 쥐어 무릎에 올린 상태였다. 김정일·김정은 사이에는 김정은과 함께 당 중앙군사위 부위원장에 오른 이영호 총참모장이 자리해 김정은 시대를 이끌어 갈 최고의 실세임을 과시했다.

92년 2월 평양 등대사가 발간한 화보집에 등장한 김옥.
2년 뒤인 94년 6월 화보에는 김옥의 모습이 하이힐 끝만 남고 사라져
이 기간중 김정일과 각별한 사이가 된 것으로 추정.

95년 6월 조선화보사가 만든 김정일 화보

흥미로운 건 김정일의 곁에서 사실상 퍼스트레이디 역할을 해온 김옥과 김정은의 여동생 김여정이 처음 등장한 점이다. 김옥은 양장 차림에 퍼머를 했다. 김정일의 비서인 기술서기 출신인 그녀는 김정은의 생모 고영희가 숨진 후 김정일과 함께 사는 것으로 알려진 인물이다. 2008년 여름 김정일의 건강이상 때 병상통치를 한 것으로 알려지면서 한·미 정보당국의 관심 대상이 됐다. 김여정은 흰 피부에 이목구비가 또렷한 서구형의 얼굴로 드러났다. 김옥과 김여정이 함께 나란히 서 있는 것으로 볼 때, 고영희와 그 소생인 김정은·김정철(김정은의 형)·김여정이 후계 문제 등으로 갈등을 겪었다는 설은 사실이 아닐 가능성이 크다는 분석이 나왔다.

후계자를 지켜라

김정은 공직부여를 통해 결국 3대 세습이란 선택을 공표하는 셈이 됐지만 북한은 후계내정 단계에서는 이를 철저히 숨기려 했다. 최고위급 인사까지 나서 연막을 쳤다. 조선중앙TV에서 〈발걸음〉 공연장면이 보도된 이튿날인 2009년 10월 10일에는 북한의 명목상 국가수반으로 불리는 최고인민회의 상임위원장 김영남까지 나섰다. 그는 외신과의 인터뷰에서 "현 시점에서 후계 논의가 진행되고 있지 않다"고 강조했다. 이런 북한의 태도 때문에 일각에서는 김정일이 후계논의를 중단토록 지시했다는 설까지 흘러나왔다. 〈발걸음〉 공연장면이 확인되기 불과 한 달 전인 2009년 9월 6일자 한국내 한 신문은 평양 현지르포를 통해 "7월 중순부터 북한 매체에서 〈발걸음〉 노랫소리는 더 이상 들리지 않았다. 관련 보도도 중단됐다"고 전했다. 노동당이 7월 각 성(省, 내각의 각 부서)과 중앙기관에 후계자 문제에 대한 발언을 중지하라는 지시를 내렸기 때문이란 얘기다. 신문은 또 노동당이 지시를 통해 '현재 위대한 장군님께서 혈기왕성하시고 현지지도 사업을 정력적으로 하고 계시며 앞으로 10년 이상은 끄떡없이 나라의 정사를 볼 수 있으니 후계자 발언을 중지하라'고 밝힌 것으로 전했다. 김정일이 8월 4일 빌 클린턴 전 미국 대통령을 평양으로 초청해 건재한 자신의 모습을 국제사회에 과시한 상황과 맞물리면서 '후계논의 중단설'은 퍼져나갔다.

하지만 김정일의 〈발걸음〉 공연 관람 사실이 드러난 이후 분위기는 확 바뀌었다. 바깥으로는 '후계논의가 이뤄지지 않고 있다'고 부인하면서 내부적으로는 은밀하게 승계 준비 작업을 착착 진행하고 있다는 관측이 설득력을 얻어갔다. 정부 당국과 북한 전문가들은 〈발걸음〉 공연이 이뤄진 사실에 각별한 의미를 부여했다. 대북정보 담당자들은 북한 조선중앙TV의 〈발걸음〉 공연보도 직후 김정일에 의한 '후계 논의 중단 지시설' 등의 첩보는 사실과 다르다는 결론을 내렸다. 북한이 후계 문제와 관련한 대북정보에 혼선을 주기 위해 일부러 잘못된 내용을 흘린 것이란 얘기도 나왔다. 김정일은 2008년 8월 뇌졸중으로 쓰러져 심각한 건강이상을 겪은 이후 후계를 부쩍 서두르면서도 김정은이 부각되지 않게 연막을 쳐 온 것이다. 공연 관람 사실은 김정일의 뒷받침 아래 후계 구축이 착착 진행됐음을 보여줬다.

_____ 협동농장 들른 관광객이 건진 대박

김정일의 〈발걸음〉 공연 관람 장면 포착 직전에는 김정은 찬양가요의 보급을 짐작케 하는 정황이 한 외국인 관광객에 의해 외부에 공개됐다. 북한을 방문한 대만의 사진작가 후앙한밍(Hanming Huang)의 사진 한 장이 그것이다. 그는 강원도 원산의 한 협동농장에서 2009년 9월 18일 촬영한 것이라며 나흘 뒤 인터넷 포털 야후 사진 공유 사이트에 북한의 선전포스터 사진을 올렸다. 북한군 창건기념일인 4월 25일을 상징하는 숫자가 쓰인 최고사령관 깃발을 담고 있는 이 벽보형 포스터는 김정은을 '만경대 혈통, 백두의 혈통을 이은 청년대장 김정은 동지'라고 표현했다. 또 '2월의 위업'을

이어갈 인물로 묘사함으로써 그가 김정일의 후계자임을 강력하게 시사했다. 이 사진에는 김정은을 찬양하는 가요 〈발걸음〉의 가사 전문이 실렸다. 김정일의 셋째 아들이 후계자임을 시사하는 선전물이 공개된 것은 이것이 처음이었다.

서울의 정보당국도 처음에는 이 사진의 존재에 대해 반신반의했다. 북한 후계구도에 별다른 진전이 없는 듯 하던 상황에서 '결정적 증거'에 가까운 생생한 사진이 등장했다는 점에서다. 일각에서는 북한이 의도적으로 혼선을 주기 위해 정보를 흘린 것이란 조심스런 관측도 나왔다. 또 대만의 네티즌이 사진을 조작한 것 아니냐는 의심도 있었다. 하지만 면밀한 분석 끝에 진품이란 감정이 나왔다. 이 한 장의 사진 속에는 많은 정보들이 숨어 있었다. 특히 벽보에 나타난 김정은의 이름을 붉은색으로 부각시킨 게 드러났다. 북한에서는 노동신문이나 각종 출판물에 김일성과 김정일의 이름은 다른 글자와 다르게 더 굵고 진하게 표기된다. 또 컬러로 만들어지는 선전물 등에는 붉은색으로 표현된다. 붉은색 이름 표기의 등장은 김정은이 이미 후계 지위를 상당히 확보했음을 보여주는 징표였다. 한 관광객이 호기심에 찍은 벽보 한 장이 북한 후계구도의 진도를 외부에 알리는 대박을 친 셈이었다.

김정은 사진공개는 천기누설?

김정은이 아버지 김정일을 수행해 사실상 현장 실습형 후계수업을 받아왔다는 사실이 국가정보원에 의해 파악됐다. 원세훈 국가정보원장은 2010년 6월 24일 국회 정보위에 출석해 북한 동향을 보고했다. 후계자에 내정된 것으로 알려진 김정은 관련 동향이 최대 관심사였다. 원세훈 원장은 "김정일 북한 국방위원장이 현장을 방문할 때 3남인 김정은이 수시로 동행하면서 정책 관여의 폭을 확대하고 있다"고 밝혔다.

김정은은 3차 당 대표자회를 통해 공석에 등장하기 이전부터 이미 김정일의 군부대 방문이나 공장·기업소 현지지도에 함께 한 것으로 관계당국은 파악하고 있다. 2009년 4월 김정일의

원산농업대학 방문 때는 수행 장면이 구체적으로 포착되기도 했다. 당시 4월 27일자로 관영 조선중앙통신이 전송한 여러 장의 원산농대 현지지도 사진 중에는 김정은이 장성택 노동당 부장과 김기남 당비서 등 고위 간부와 아버지를 기다리는 모습이 포함돼 있다. 특히 후계구도에서 밀려난 정은의 친형인 김정철과 여동생 김여정으로 추

정되는 인물들이 함께 서 있는 점이 눈길을 끌었다. 사진이 입수된 직후 당국은 모종의 루트를 통해 당시 김정일 방문에 따라온 인물들에 김정은이 포함됐다는 사실을 확인한 것으로 알려졌다. 북한이 이 사진을 왜 공개했는지에 대해서는 당국과 전문가들 사이에 의견이 엇갈린다. 북한이 김정은의 모습을 철저히 베일에 싸고 있던 시점에서 이해할 수 없는 행동을 했다는 지적이다. 일각에서는 중앙통신이나 북한 노동당의 선전선동 담당 간부들이 실수로 천기를 누설한 것이란 관측도 내놓았다. 빽빽한 나무들 사이에 얼굴 윤곽도 제대로 파악되지 않는 정도의 사진을 제대로 된 공개라 보기 어렵다는 측면에서다. 한 당국자는 "사진 공개가 실수라면 담당자는 혹독한 처벌을 피하기 어려웠을 것"이라고 말했다.

_____ 앵글 따라 신출귀몰하는 사진 속 김정은

북한은 김정은의 활동내용을 동영상과 사진은 물론 기록영화 필름으로 꼼꼼히 담고 있는 것으로 파악된다. 과거 김정일의 경우 후계자로 공식화된 이후 후계수업 차원에서 김일성과 함께 현지지도 길에 나선 장면이 속속 공개가 됐다. 흥미로운 건 후

계자로 부상하기 전 공개된 김일성의 현지지도 사진에는 어디에도 등장하지 않던 김정일의 모습이 드러났다는 점이다. 이런 측면에서 볼 때 지금도 김정일의 현지지도 장면을 기록하면서 김정은의 모습도 함께 담는 작업이 진행되고 있을 게 분명하다. 다만 촬영 앵글 등을 달리해 김정은이 드러나지 않도록 찍어 일부만 공개하고 있을 것으로 볼 수 있다. 북한이 얼마나 치밀하게 이런 대목을 챙기고 있는지는 2010년 9월 3차 노동당 대표자회 행사보도 과정에서 드러났다. 북한은 9월 29일 대표자회 참석자들이 행사장에서 박수를 치는 모습을 관영 조선중앙통신 사진을 통해 공개했다. 김정은의 고모인 김경희 당 경공업부장 등이 등장했지만 김정은의 모습은 어디에도 보이지 않았다. 하지만 하루 뒤 조선중앙TV가 공개한 행사장 동영상에는 김정은을 드러나게 했다. 이 화면을 공개하기 몇 시간 전 김정은이 평양 금수산기념궁전에서 아버지 김정일을 비롯한 당 대표자회 참가자들과 함께 기념촬영한 사진을 공개했기 때문에 김정은의 모습을 더 이상 감출 필요가 없었기 때문이다. 공개된 동영상을 분석한 결과 중앙통신의 사진은 김정은 바로 옆 사람까지만 포함시키고 김정은의 모습은 빼버린 것으로 드러났다. 북한은 김정은이 후계자로 확정되는 시점에 가면 후계자 내정시절부터 김정일을 수행하며 활동한 모습을 공개해 이른바 '김정은 동지 위대성 자료'로 삼을 것이란 게 관계당국에서 오랫동안 북한 정보를 분석해 온 인사들의 얘기다.

이름조차 비밀에 싸였던 로열패밀리 상속인

김정은이 첫 공직으로 노동당 군사위 부위원장 직책을 맡음으로써 유력한 후계자의 반열에 올랐지만 그와 관련한 구체적인 정보들은 거의 외부에 알려지지 않았다. 한국과 서방의 언론이 그와 관련한 정보를 캐기 위해 동분서주했지만 드러난 것은 어릴 적 그의 모습으로 추정되는 몇 장의 사진뿐이었다. 하지만 그 가운데 어느 것이 진품이고 어느 것이 가짜인지를 놓고 혼돈이 빚어지고 있다. 공직부여 전까지 국가정보원 홈페이지에는 김정은이란 인물은 제대로 올라있지 않았다. 김정일 항목에 셋째 아들로 김정은이란 이름이 등장하는 게 유일했다. 노동당 대회가 열린 직후 국정원 홈페이지 인물란에 김정은이 별도 항목으로 등장했다. 물론 출생연월이나 장소 없이 '당 중앙군사위 부위원장 겸 대장'이라고 적힌 직책이 그와 관련한 정보의 전부였다.

그는 '김정운'으로 더 잘 알려졌었다. 2008년 여름 김정일이 뇌졸중으로 쓰러져 셋째 아들이 후계 최우선 순위로 급부상했을 때까지도 국가정보원과 미국 중앙정보국(CIA), 일본의 내각 정보조사실은 그의 이름을 김정운으로 잘못 파악하고 있었다. 하지만 2009년 가을께 그의 실제 이름이 '김정은'이란 첩보가 나왔다. 뒤이어 후계자의 이름에 북한에서는 부정적 이미지로 쓰이는 구름 운(雲)자가 쓰인다는 건 말이 되지 않는다는 관측도 나오는 등 '김정운'이란 이름에 대한 문제제기가 이어졌다.

그의 정확한 이름이 어떤 것인지를 놓고 혼선이 빚어질 조짐을 보이자 북한 정보를 총괄하는 국가정보원에 눈길이 쏠렸다. 마침내 국정원장이 나섰다. 원세훈 원장은 2009년 9월 24일 국회 정보위에서 처음으로 입을 열었다. 그는 김정일의 셋째 아들과 관련해 "김정은이라는 첩보는 갖고 있었다"면서 "북한이 확인해 줄 사항도 아니고 '김정운'인지, '김정은'인지 중요한 사항이 아니어서 발표하지 않았다"고 말했다. 하지만 국정원이 왜 외부용 자료는 물론 내부 공식 보고서에까지 '김정운'으로 잘못된 이름을 써왔는지에 대해서는 해명하지 않았고 그로인해 의혹이 제기됐다.

일각에서는 국정원도 김정운으로 잘못 알고 있었지만 정보능력 부재라는 비판을 받을 것을 우려해 미리 파악하고 있었던 것처럼 밝힌 것이란 관측을 제시하기도 했다. 하지만 김정운이란 이름은 쉽게 바로잡히지 않았다. 언론기관이나 전문가·학자 그룹은 물론 정부 당국도 이미 익숙해진 이름을 그대로 사용했기 때문이다.

그의 이름이 김정은으로 공식적으로 바로잡힌 건 중앙일보의 2009년 10월 6일자 보도가 계기가 됐다. 중앙일보는 1면에 '김정은으로 표기합니다'라는 안내 글과 함께 "국가정보원 등 정부기관은 '김정운'으로 써왔으나 최근 북한 내부문건 등을 통해 김정은이 정확한 것으로 확인했습니다"라고 밝혔다.

김정일의 후계자 이름이 김정은으로 확인됐다는 중앙일보의 보도가 나온 당일 부산한 움직임이 있었다. 국정원은 홈페이지 북한인물 코너에 올라 있는 김정일 정보항목에서 셋째 아들을 '김정운'에서 김정은으로 바꿨다. 국정원은 또 이 사실을 언론기관에 통보함으로써 공식적인 입장 변화가 있었음을 확인시켜줬다. 국내 언론사에 뉴스를 공급하는 통신사인 연합뉴스도 같은 날 '김정은으로 표기한다'고 밝히고 나섰고 곧 모든 신문·방송사들이 김정은으로 쓰기 시작했다. 그의 이름을 둘러싼 혼선은 한국의 언론은 물론 국가 정보기관까지도 김정은에 대한 정보가 얼마나 부족했는지를 단적으로 보여준 사례였다.

이름의 영문표기를 놓고도 혼선이 있었다. '김정운'으로 알려졌던 당시 'Kim Jong-Un'으로 쓰던 그의 영문이름은 김정은으로 확인되면서 'Kim Jong-Eun'으로 잡혔다. 일부 외신들은 그대로 'Jong-Un'으로 표기했다. 노동당 대표자회를 계기로 김정은이 북한 관영매체에 처음 등장하면서 영문이름 표기가 관심의 대상이 됐다. 조선중앙통신은 영문기사에서 그를 'Kim Jong-Un'으로 타전해 논란에 종지부를 찍었다. 일부 외신기자들과 한국 내 영문매체 기자들은 의문을 제기하기도 했지만 북한 관영매체의 발표라는 점에서 '김정은=Kim Jong-Un'은 표준이 됐다. 조선중앙통신은 또 재일조총련계 조선통신에 김정은의 한자 이름이 金正恩이라고 통보했다.

일본언론의 오보 해프닝

김정은의 후계 내정 사실이 전해지자 바빠진 것은 한국과 주변 국가 정보기관의 대북파트뿐이 아니었다. 언론도 김정은 관련 정보를 캐기 위해 촉각을 다투는 경쟁에 들어갔다. 이런 취재경쟁이 최고조에 달한 듯하던 2010년 4월 20일. 일본 마이니치신문은 "김정일 후계자로 내정된 3남 김정은의 모습"이라며 사진을 내보냈다. '대 특종'이란 설명도 곁들였다. 이 신문은 '정통한 소식통'을 인용해 "지난달 4일 공개된 김정일 국방위원장의 김책제철연합기업소 방문 사진에 등장한 인물이 김정은"이라며 "사진 공개는 권력이행이 본격화한다는 걸 보여주는 증거"라고 전했다. 또 사진이 실린 3월 5일자 노동신문을 보라는 지시가 주민에게 내려졌다고 보도했다.

3월 4일 북한 관영 조선중앙통신이 전송한 문제의 사진이 다소 이상한 구석이 있는 건 사실이었다. 김정일이 제철소 생산라인을 돌아보는 장면에 등장한 북한 고위간부들과 공장 관계자들은 여느 김정일 현지지도 사진처럼 긴장한 표정이 역력했다. 모두가 김정일에게 시선을 향하고 있고 한껏 정중한 태도를 취하고 있었다. 하지만 단 한 사람 예외가 있었다. '김정은'으로 지목된 인물은 특이했다. 북한 생산현장의 실무 관리답지 않은 통통한 얼굴에 피부도 흰 편이다. 머릿기름을 바른 듯 단정하게 빗어 넘긴 헤어스타일에다 붉은색 넥타이, 다른 당 고위간부들과 구별되는 고급스런 코트와 정장차림은 주목을 끌기에 충분했다. 마치 서울의 한 '꽃중년' 신사를 보는 듯한 모습이었다. 무엇보다 김정일의 말에는 그리 신경 쓰지 않겠다는 듯 시선은 다른 곳을 향하고 있었다. 북한 정보 분석가들 사이에서는 "김정일이 사진을 봤다면 이 친구를 한 번 손보고 싶었을 것"이란 우스개 소리도 나왔다. 그만큼 이례적인 장면이란 얘기였다.

마이니치 보도는 국내 인터넷 언론들이 이를 그대로 인용하면서 포털 사이트와 방송에 확산됐다. 하지만 곧 오보인 것이 드러났다. 문제의 인물은 김책제철소 기사장으로 확인됐다. 정보당국은 확인 작업을 통해 그가 북한 관영 조선중앙TV에 2008년 12월 30일 '기사장 김광남'이란 자막과 함께 얼굴을 드러낸 인물과 동일인임을 파악했다. 방송을 보면 20대 중반인 김정은과 달리 김광남은 30대 후반에서 40대로 보인다. 한

눈에 봐도 김정은이 아니라는 걸 알 수 있었다는 얘기다. 북한과 김정일 세습 등에 과도한 관심을 보이고 있는 일본 언론의 과열 경쟁이 대형 오보를 부른 것이다.

_____ '후계자'로 추대된 보통사람 배씨

앞서 2009년 6월 10일에는 일본 TV아사히가 김정은의 얼굴이라며 보도한 사진이 엉뚱한 사람의 것으로 드러나는 소동이 벌어졌다. 이 방송이 낮 뉴스에서 후계자로 내정된 김정은의 최근 얼굴이라며 공개한 사진이 국내에서 인터넷 카페를 운영하는 40세의 한국인으로 확인된 것이다. TV아사히는 김정은의 사진이라며 짙은 선글라스를 쓰고 티셔츠를 입은 한 얼굴을 김정일의 사진과 함께 방송했다. 방송 화면만으로 얼핏보면 김정일을 빼다 박은 듯한 젊은 시절의 모습이라 오후 한때 국내 정보당국에서도 사진의 입수 경위 등을 놓고 파악

에 들어가는 긴박한 상황이 벌어졌다.

그러나 정보당국의 대북파트는 탐문수사와 제보를 통해 문제의 인물이 국내 인터넷 카페 운영자 배씨(당시 40세)임을 확인했다. 배씨가 운영하는 인터넷 카페의 홈페이지에는 김정은이라고 보도한 문제의 사진과 함께 선글라스를 쓴 그의 다른 사진들도 올라와 있다. 배씨는 "황당하다. 작년 여름 농장에 놀러 가서 찍은 사진인데 우리 카페 회원들이 김정일과 비슷하다며 올려놓은 것"이라며 "일본 TV가 사진을 어떻게 입수했는지는 모르지만 내 사진이니 오해하지 말아 달라"며 당혹스러워했다. 배씨는 이 사태 이후 심각한 스트레스에 시달려 체중이 급감하고 결국 입원까지 하는 고통을 겪었다고 한다. 한 평범한 시민이 북한 절대권력의 후계자로 '추대'되면서 졸지에 일상의 삶이 깨져버리는 황당한 사태가 벌어진 것이다.

TV아사히는 오보임을 확인한 뒤에도 석연치 않은 해명으로 논란을 빚었다. TV아사히는 사진이 가짜로 밝혀지자 이튿날 사과방송을 내보냈다. 그러면서 사진 입수경로와 관련, "한국 당국의 관계자로부터 이 사진을 입수했다"고 밝혔다. 그러자 이날 오후 주일 한국대사관측이 이명섭 공보담당공사 명의로 TV아사히에 공식 항의했다. 이 공사는 "한국 당국은 일반적으로 한국 정부를 지칭하는 것으로 받아들여지지만 한국 정부의 어떤 관계자도 이 사진을 제공한 사실이 없는 것으로 파악됐다"고 말했다. 대사관 측은 한국 정부가 잘못된 사진을 제공한 것으로 시청자들이 인식함으로써 한국 정부의 신뢰도가 심대한 침해를 당한 점에 대해 강력한 유감과 함께 항의의 뜻을 표한다며 정정보도를 요구했다. 결국 TV아사히는 오후 5시 뉴스에서 '한국 당국 관계자'라는 표현을 '한국 국내의 신뢰할 수 있는 인물'로 고쳤다.

하지만 TV아사히의 주장과 달리 이 사진은 한국군의 현역 부사관이 일본 기자에게 건넨 것으로 최종적으로 밝혀졌다. 대북 첩보를 다루는 고위 정보장교 등도 아닌 실무자급 군인이 건넨 사진을 정밀한 확인절차 없이 보도한 게 화근이었다. 군 수사 당국의 조사 결과에 따르면 경기지역 모 부대에 근무하는 이 부사관은 인터넷 카페에 올라 있던 배씨의 사진을 다운받아 TV아사히 한국지사의 기자에게 '김정은 모습'이라며 전달했다. 일본 연수 경험이 있는 것으로 파악된 문제의 부사관은 언론인을 포함한 서울 주재 일본인들과 모임을 갖는 등 교류활동을 해 왔으며 TV아사히의 기자와도 친분을 유지해온 사이였다. 이 부사관은 일본 언론이 김정일의 셋째 아들인 김정은에 대해 각별한 관심을 갖고 있는 점을 알고 사진을 건넸다는 것이다.

TV아사히 측은 문제의 사진을 마카오에 있는 김정일의 장남 김정남 등에게 확인하는 과정을 거쳤다고 주장한다. 배씨의 얼굴이 짙은 선글라스를 쓴 모습이어서 착오를 일으킨 것이란 설명이다. 한 서울 주재 외신기자는 "김정남도 인터뷰에서 TV아사히 측에 '김정은 같다'는 취지로 답했던 것으로 안다"고 말했다. 하지만 김정남이 실제 이런 '확인'을 해주었는지는 파악되지 않았다. 왜 그토록 서둘러서 사진을 보도해야 했는지, 또 사진의 출처를 '한국 당국 관계자'라고 밝혔는지 등은 미스테리로 남았다.

김정은 얼굴 퍼즐맞추기

일련의 소동이 벌어진 책임은 일차적으로 일본 언론에 있다. 김정일 로열패밀리의 후계문제에 대한 집착에 가까운 과욕이 어처구니없는 사태를 초래한 것이다. 조금만 더 신중한 확인과정을 거쳤어도 참사에 가까운 오보를 두 차례나 내지는 않았을 것이기 때문이다. 언론의 김정일 사진 입수 경쟁은 서울과 도쿄뿐 아니라 스위스의 베른에서도 펼쳐졌다. 요미우리신문은 2009년 6월 16일자에 스위스 베른발로 김정은으로 보이는 인물이 "15세 전후의 소년 시기에 베른에 유학했을 당시의 사진을 급우로부터 입수했다"며 사진 한 장을 공개했다. 김정은으로 보이는 소년이 베른의 공립중학교에 진학하기 전에 다녔던 인근 초등학교 재학 당시의 단체사진으로, 그가 6학년이던 1998년에 찍은 것이란 설명이었다.

일본 민영방송인 TBS도 6월 15일과 16일 김정은이 유학한 것으로 알려진 베른공립중학교 재학 당시인 2000년께 급우들과 찍은 것으로 추정되는 것이라며 사진 2장을 공개했다. 앞서 마이니치신문은 14일자 조간에서 김정은이 베른공립중학교에 '박운'이란 가명으로 다녔다면서 단체사진 한장을 실었다.

연합뉴스는 2010년 6월 8일자에 제네바발로 "북한 정권의 후계자로 알려진 김정일 국방위원장의 3남 김정은의 스위스 유학시절 사진이 추가로 공개됐다"며 단독 입수한 김정은의 미공개 사진을 전송했다. 연합뉴스 측은 이 사진이 김정은이 10대 때 베른의 리베펠트-슈타인휠즐리 공립학교에 다니던 시절 가깝게 지내던 한 친구와 어깨동무를 한 채 촬영한 것으로 통통한 얼굴에 반 곱슬머리가 특징이며, 검은색 상의를 입고 있다고 설명했다. 이 사진은 2010년 9월 당 대표자회의에서 김정은이 공식 등장하기 전까지 가장 검증된 얼굴사진으로 쓰였다.

부르는 게 값, 초상화 입수전쟁

김정은 사진에 대한 관심을 최고조로 끌어올린 건 북한이 김정은 초상화를 배포하려는 움직임이 있다는 한 대북인권단체의 주장이 나오면서부터다. 일본에 있는 민간기구인 '구출하자 북한 민중, 긴급행동 네트워크(RENK)'의 이영화 대표는 2010년 3월 13일 "북한 내부 소식통에 따르면 북한은 3월 초부터 조선노동당 선전선동부의 지시로 김정은의 초상화 배포를 준비하고 있다"고 밝혔다. 이런 움직임이 사실일 경우 북한이 김정은을 후계자로 확정했음을 보여주는 결정적인 증거일 수 있다. 이 단체는 각급 공장과 가정에 김일성·김정일 부자 사진과 함께 김정은의 초상화를 걸어놓기 위해 대량으로 그려놓았다는 정보를 입수했다고 주장했다. 4월 15일 김일성 생일에 맞춰 배포될 것이란 예상도 내놓았다.

하지만 4월 중 배포가 이뤄질 것이란 RENK의 예상은 빗나 갔다. 그럼에도 불구하고 초상화 배포 임박설은 끊이지 않았 다. 대북매체인 열린북한방송은 6월 22일자 보도에서 "후계자로 알려진 3남 김정은의 초상화가 이미 1000만장 가까이 인쇄된 상태"라고 보도했다. 2월 김정일 가계의 우상화 작품만 전담하는 만수대창작사 1호 창작팀에서 제작이 완료됐으며, 인쇄를 마친 초상화를 김정일 서기실이 관리하고 있다는 얘기였다. 열린북한방송은 소식통을 인용해 "김정은의 초상화는 1급 비밀"이라며 "노동당 중앙위 조직지도부나 선전선동부가 아니라 김정일 서기실에서 배포 문제를 철저히 책임지고 관리하고 있다"고 전했다. 이 방송은 할 걸음 더 나아가 8월 15일에는 김정은의 초상휘장이 4월 말부터 제작되기 시작했다고 보도했다. 김일성·김정일 배지를 의미하는 초상휘장은 북한 간부들과 주민들이 오른쪽 가슴에 달아야 하는 우상상징물이다. 초상휘장의 등장이 사실이라면 이는 북한이 3대 세습을 공식화하고 주민들에게까지 알리는 단계를 준비하고 있다는 증표로 받아들여질 수 있는 사안이었다.

대북 인터넷 매체인 데일리NK도 김정은 얼굴 관련 보도에 가세했다. 이 매체는 9월 17일 "김정일 위원장의 8월 말 중국방문 직후인 9월 초부터 노동신문 특집화보가 중앙당과 지방 시·도당 간부들에게 배포했다"고 전했다. 화보의 대부분이 김정일 방중 활동 사진들로 채워졌지만 김정은 사진도 4~5장

실렸다는 것이다. 이어 "내주부터 일반 주민들도 화보를 보게 하라는 지침이 내려왔다고 한다"며 "김정은 사진 중 한 장에는 그가 양복 차림으로 중국 정부 관계자들과 환담하는 모습이 담겨 있다"고 구체적인 정황까지 전했다.

김정은 초상화와 관련 서울의 정보기관 관계자도 "김정은 단독사진과 김정일과 함께 있는 사진 등 2가지 종류가 제작됐다는 첩보가 있어 확인 중"이라고 말하는 등 초상 관련설이 확산됐다. 대북 민간단체나 북·중 국경과 동남아 지역을 오가며 탈북자의 서울행을 지원하는 활동가들의 전언도 관심을 증폭시켰다. 북한 당국 관계자와도 거래를 해 온 한 한국 국적의 활동가는 "북측 인사들이 먼저 '청년대장(김정은을 지칭)의 사진을 빼내오면 얼마나 받을 수 있느냐'고 묻는 등 관심을 보이고 있다"고 귀띔했다. 철저한 통제 속에 관리되는 초상화지만 배포에 임박해 초를 다투는 유출작전을 벌여 돈벌이를 하겠다는 생각으로 '시세'를 타진하고 있다는 얘기였다. 이 활동가는 "공안기관에 근무하는 북한 관계자 중 적지 않는 사람들이 김정은 초상화를 '한탕' 할 수 있는 기회로 생각하는 듯하다"고 말했다.

비슷한 시기 북·중 국경일대에서는 김정은의 사진이 북한의 한 지방 신문에 실렸다는 소문이 퍼지기도 했다. 한 소식통은 "김정일을 따라 지방 현지지도에 나선 김정은을 한 지방지가 '청년대장' 운운하는 제목과 함께 사진을 실었다"며 "엄청난 실수를 깨달았을 때는 이미 신문이 배포돼 회수가 어려운 상황이었다고 한다"고 전했다. 북한 공안기관의 한 간부는 이를 입수해 외부에 팔아넘겨 돈벌이를 시도했다는 이야기도 나왔다. 이 때문에 문제의 신문을 입수하기 위한 치열한 경쟁이 일본 언론을 중심으로 펼쳐졌다.

일본 언론들의 경우 초기에 5만 달러 정도를 부르며 입수전을 벌였으나 김정은의 후계 관련 결정이 이뤄질 것이란 기대가 최고조에 달한 2010년 9월 노동당 대표자회 개최를 계기로 경쟁이 치열해지면서 부르는 게 값인 상황으로 치달았다. 하지만 이런 소문들은 모두 그럴듯한 구체적 정황에도 불구하고 결국 사실과는 거리가 있는 것으로 드러났다.

김정은의 최근 모습에 대한 관심은 2010년 9월 28일 평양에서 열린 노동당 대표자회를 계기로 클라이막스에 달했다. 공개석상 등장 모습을 담은 사진공개가 임박했다는 징후였기 때문이다. 하지만 회의장 회의 당일 보도된 사진과 동영상에서 그의 모습은 드러나지 않았다. 북한 관영 조선중앙통신은 하루 뒤 보도에서 김정일이 금수산기념궁전에서 노동당 대표자회 참가자와 기념촬영을 했다고 보도했다. 그러면서 "김정은 중앙군사위원회 부위원장도 참여했다"고 밝혔다. 다시 하루가 지난 뒤 북한 중앙통신은 기념촬영 사진을 전격 공개했다. 김정은의 얼굴모습을 둘러싸고 벌어진 숨막히는 전쟁이 막을 내리는 순간이었다.

한국 외교관 아들이 '김정은'으로 둔갑

북한 정권과 관련한 휴민트(humint·인적정보)에 가장 강한 것으로 정평이 나있는 한국의 국가정보원이 김정은의 근황을 담은 사진을 확보하고 있다는 관측도 있었다. 한 소식통은 "김정은의 얼굴사진을 공개할 수 없는 건 국정원이 이를 공개할 경우 정보 입수 루트가 드러나기 때문"이라고 말했다. 국정원 측은 이에 대해 확인도 부인도 않는 입장을 보였다.

이런 가운데 원세훈 국가정보원장은 국회 정보위를 통해 김정은 사진에 대한 흥미로운 언급을 내놓았다. 2010년 9월 13일 정보위에 참석한 그는 8월 26~30일 사이에 이뤄진 김정일의 중국방문 관련 동향을 보고했다. 이어 정보위원들과 점심을 함께하는 자리에서 "김정일의 후계자로 유력시되는 3남 김정은의 사진이 국내외 언론을 통해 속속 공개되고 있지만 그 중 일부는 '김정은'이 아니다"라고 말했다. 원세훈 원장은 어느 것이 가짜라고 지목하지는 않았지만 수년 전 일본 언론에 의해 공개된 사진 한 장이 진짜 김정은 모습이 아니라고 밝힌 것이다. 특히 가짜 김정은 사진 속의 인물이 한국 외교관의 아들이란 설명을 한 것으로 전해져 비상한 관심을 끌었다. 서방 국가에서 보기에는 동양 사람의 얼굴이 다들 비슷해 보이니 같은 시기 스위스에 유학한 한국 학생을 김정은으로 간주한 것이란 얘기다.

당시 정보위 회의에서 위원들은 "국정원이 김정은의 사진을 비롯해 관련 자료가 있느냐"는 질문을 던졌다. 이에 대해 국정원측은 "나름대로 관련 사진 및 자료를 수집하고 있다"고 답했다. 국정원은 "김정은의 최근 사진을 확보하고 있느냐"는 의원들의 질문에 "시인도 부인도 하지 않겠다"고 답했다. 국정원 고위 관계자는 "김정은의 사진을 공개할 수 없다"고 밝히면서 "어디서 찍은 사진이냐 하는 문제 등 상황이 복잡해지기 때문에 사진을 안낸다. 사진도 없지만…"이라며 묘한 여운을 남겼다.

이날 정보위를 통해 일본 언론이 보도한 또 하나의 김정은 사진이 가짜로 드러났다. 요미우리신문은 9월 9일자 보도에서 김정은의 스위스 유학시절 동영상을 입수했다고 주장했다. 13분짜리 이 동영상이 김정은이 스위스 베른의 한 공립학교에 유학 중이던 1998년 2월 7일 촬영된 것이란 얘기였다. 당시 15살이던 김정은과 10살이던 여동생 김여정의 모습이 담겨 있다는 것이다. 당시 학교 음악 발표회에 참석한 김정은은 체육복을 입고 탬버린을 들고 있다. 신문은 "동급생들보다 한 뼘 정도 키가 큰 김정은은 친구들과 잘 어울리지 못하는 학생이었다"고 전했다. 하지만 한국의 정보기관 고위 관계자는 정보위원들과의 식사자리에서 탬버린을 든 아이는 김정은이 아니라고 확인했다. 일본 언론의 김정은 퍼즐 맞추기가 또 한 번 크게 어긋나버린 상황이었다.

베일 속의 후계자

농구를 좋아한 스위스 유학생

정보기관이 보유하고 있는 김정은 정보파일과 사진이 어느 정도 수준인지 궁금증이 커지는 가운데 그의 행적을 추적하기 위한 언론들의 집요한 관심이 이어졌다. 초점이 모아진 곳은 스위스 베른의 리베펠트 슈타인휠즐리 공립학교였다. 이곳은 김정은이 유학생활을 한 곳으로 알려진 장소다. 한국과 일본은 물론 서방 매체들의 집중 취재대상이 된 학교 측은 2009년 6월 15일 기자회견을 열었다.

학교 측이 40분간 독일어로 진행한 회견에는 페터 브르 교장과 베른 칸톤(州)의 쾨니츠 게마인데(區)의 윌리 슈투더 구청장 등이 참가했다. 6월 16일자 연합뉴스의 현지 발 보도에 따르면 슈투더 구청장은 "김정일 국방위원장의 가족 이름으로 등록된 학생은 이제까지 아무도 없다"고 강조했다. 다만 "북한 외교관 자녀의 신분으로 1998년 8월부터 2000년 가을까지 북한 출신의 한 학생이 재학했다"고 밝혔다. 김정은이 신분

을 숨긴 채 외교관 자녀로 학교생활을 했음을 사실상 확인해 준 것이다. 슈투더 구청장은 "이 학생은 1년간 외국어교육학생반에 있다가 6학년 때 정규반으로 옮겼으며, 그후 7학년과 8학년을 이수하고 고등학교 단계인 9학년에도 일정 기간 재학하다가 학교를 그만 뒀다"고 설명했다. 그러나 슈투더 청장은 이 북한 학생의 이름에 대해 "개인정보이므로 공개할 수 없고, 사진도 공개할 수 없다"고 말했다. 학교 측이 문제 학생의 등록카드를 보관하고 있지만 개인정보이므로 공개할 수 없다는 입장이었다. 김정은의 재학 당시 수학교사였던 브르 교장이 "(다른 학생들과) 잘 어울렸으며 부지런하고 야심에 차 있었다"는 대목은 눈길을 끌만했다. 또 "그의 취미는 농구"라고 말한 대목도 우리 당국이 파악하고 있던 내용에 부합됐다.

이날 회견은 일주일 전 일본 마이니치신문이 김정은이 '박운'이란 가명으로 이 학교를 다녔다고 보도한 이후 관심이 증폭되면서 마련됐다. 김정은 사진을 이 학교에서 입수했다고 밝힌 것과 관련해 슈투더 구청장은 "우리 학교에서는 그 사진을 건네준 일이 결코 없다. 일본 기자가 지난 주 학교를 찾아와 학교의 동의 없이 건물 복도에 걸린 과거 학생들의 사진을 찍어 간 것으로 안다"고 말했다. 또 "그 사진 속의 학생이 누구인지는 확인해 줄 수 없으며, 그 사진을 공개할 수도 없다"고 강조했다.

기자회견이 열리기 석 달 전에는 김정은이 스위스 유학시절 '박철'이라는 이름을 사용했다는 증언도 나왔다. 중앙일보는

2009년 3월 23일자에서 스위스 시사주간지 레브도(L'hebdo) 최근호를 인용해 청소년 시절의 김정은을 지켜봤다는 교사와 학생들의 증언을 소개했다. 레브도에 따르면 농업엔지니어로서 북한 내 '감자심기 지원 사업' 책임자였던 한스 울리히 뤼서는 1990년대 후반에 당시 15세가량이었던 김정은을 만난 적이 있다고 증언했다. 뤼서 등 증언자들에 따르면 김정은은 베른국제학교 시절 겨울철에는 친구들과 알프스의 츠바이짐멘과 그린델발트에서 스키를 즐겼다고 한다. 이 학교의 론 슈워츠 체육교사는 김정은에 대해 "그는 떠날 당시 9~10학년이었다"면서 "그는 학교 농구부와 수영부 활동을 했고, 수줍고 내성적인 성격이었으나 팀워크를 형성하는 데는 강인했다"고 회고했다.

당시 베른국제학교의 교장이었던 다비드 카틀리는 김정은에 대해 "솔직한 아이였고 친구들 간의 다툼이 있을 때 적극적으로 중재하는 아이였다"고 밝혔다. 특히 "친구들 중에 미국 외교관 자녀들이 많았다"고 말해 관심을 불러일으키기도 했다. 베른국제학교 수업은 주로 영어로 진행됐으며, 김정은은 영어를 쉽게 따라잡았다는 얘기였다. 또 독일어와 프랑스어도 배웠다고 한다. 김정은은 학교 단체여행에도 적극 참가했다. 수업을 마치면 북한 대사관 번호판을 단 차량이 김정은을 태우러 왔다. 이 학교 경영진들은 "김정은의 학교 친구들은 그의 아버지가 '(북한)대사관 운전기사'인 것으로 알고 있었다"고 말했다. 아버지로 보이는 사람이 자동차 문을 열어주곤 했던 것에 대해 이상하게 생각하지 않았느냐는 지적에 대해서는 "동양의 풍습으로 생각한 것 같았다"고 설명했다. 당시 스위스 정부당국에서조차도 김정일의 셋째 아들인 김정은의 존재를 전혀 알고 있지 못했다고 한다. 김정은의 친구들 중 호기심 많은 몇몇은 그에게서 무엇인가 어색함을 느꼈다는 이야기도 소개됐다. 당시 한 일본인 학생은 "김정은의 아버지가 북한 최고위직 간부 정도로만 생각했었다"고도 말했다.

김정은의 곁에는 그보다 나이가 많은 '광철'이라는 또 다른 북한 학생이 늘 함께했었다고 한다. 이 대목은 김정은이 다녔던 베른의 리베펠트 슈타인휠즐리 공립학교 브르 교장이 레브도지의 보도가 나간 지 석 달 후인 6월 15일 기자회견에서 "또 다른 북한 학생은 그 학생(김정은)이 등록하기 1년 전부터 이 학교를 다녔다"고 말한 부분과 맥이 닿아있다고 볼 수 있다. 이와 관련해 '광철'이란 학생이 일종의 경호원 역할을 했을 것이란 관측이 나온다. 당시 베른국제학교에는 40여 개 국적의 280여 명이 다녔으며, 이 가운데 절반가량이 외교관 자녀였다고 한다.

'독재자의 아들' 소문 돌기도

김정은이 영화 〈터미네이터〉로 유명한 미국 영화배우 아널드 슈워제네거의 팬이며 일본 만화를 좋아했다는 외신 보도도 있었다. 독일 신문 벨트암존탁 인터넷판은 2009년 6월 8일자 보도에서 김정은이 10대를 보낸 스위스 베른의 국제학교 동창생과의 인터뷰를 소개했다.

보도에 따르면 김정은은 1993~98년 '박철'이라는 가명으로 스위스 베른의 국제학교에 다녔다. 당시 김정은은 활발하고 외향적인 성격의 학생이었다. 아버지 김정일과 달리 덩치가 컸고 행동이 굼떴다는 것이다. 김정은에 대해 동창생들은 얼굴이 둥글고 여드름이 있었던 것으로 기억했다. 한 동창생은 "철(김정은)은 검은색 청바지와 어두운 티셔츠를 즐겨 입는 등 옷차림이 매우 심플했다"고 말했다. 또 "철은 유머 감각이 있고, 누구와도 잘 어울리는 인물이었다"며 "북한과 적대적 관계에 있는 나라에서 온 학생과도 잘 지냈으며 정치 이야기보다는 축구 등에 대해 대화를 했다"고 밝혔다. 김정은은 당시 이스라엘 출신의 친구에게서 농구를 배웠는데 운동에 각별한 재능을 보였다고 한다.

특히 베른국제학교에서 생활하는 동안 김정은이 만화를 잘 그리는 한국 학생과 많은 시간을 보낸 것으로 알려져 관심을 끌었다. 하지만 이 한국 학생이 누구인지에 대한 정보는 파악되지 않고 있다. 한 동창생은 김정은이 "수학을 잘했지만 공부벌레 스타일은 아니었고, 영어의 경우 처음에는 별로였지만 보충수업을 통해 실력이 늘었다"고 밝혔다. 토고에 도서관을 지어주기 위한 자선 행사 등에도 참여했다는 얘기도 나왔다.

김정은이 학교를 다니는 동안 '독재자의 아들'이란 소문이 돌기도 했다. 북한 국적인 그를 둘러싸고 김정일의 아들이란 관측이 어느 정도 대두하고 있었던 것을 알 수 있다. 하지만 서방 국가의 어린 아이들에게 이는 큰 문제가 아니었고 별로 관여하지 않았던 것으로 알려졌다. 한 동창생은 "학교를 다니는 동안 '철이 북한 독재자의 아들'이라는 소문이 있었지만 주의 깊게 생각하지 않았다"며 "철의 집에는 가본 적이 없었다"고 밝혔다. 김정은이 스위스 주재 북한 대사와 식사하는 모습도 종종 목격되기도 했다. 베른국제학교는 학생이 200~300명 정도인 작은 학교다. 학생 대부분이 외교관과 부잣집 자녀이며, 학비는 비싼 편이다. 영국의 더 타임스는 이 보도를 인용해 "김정일 위원장의 건강 이상설이 불거진 가운데 김정은이 후계자로 지목되면서 그의 학창 시절에 정보기관의 관심이 집중되고 있다"고 밝혔다.

김정은의 이런 해외 유학 경력은 그가 후계자로 내정됐다는 사실이 알려질 때까지 세간의 주목을 받지 못했다. 친형인 김정철에게 가려진 존재였기 때문이다. 김정일의 최측근이자 스위스 비자금 관리를 전담한 이철 스위스 주재 북한 대사도 김정철을 뒷바라지하는 데만 관심을 집중했던 것으로 알려지고 있다. 차남 김정은은 복잡한 북한 후계구도에 있어서 막판에 두 형을 제치고 나타난 다크호스였던 셈이다.

김정은의 유학생활에는 여동생 김여정이 함께 했다. 다섯 살 아래인 김여정은 세 아들을 둔 김정일의 유일한 딸로 각별한 사랑을 받아온 것으로 우리 정보당국은 파악하고 있다. 일본 마이니치신문은 2009년 6월 16일자 보도에서 "유학시기는 오빠인 3남 김정은 씨와 겹치며, 학교도 김정은 씨가 다녔던 공립중학교에 인접해 있다"고 전했다. 두 사람이 베른에서 함께 살면서 유학 생활을 한 것으로 보인다는 분석이었다. 유학 당시 학교 재적기록에 따르면 김여정은 '정순'이란 이름으로 한 초등학교에 다녔다. 이 학교에는 1988년 1월 1일에 태어난 것으로 신고돼 있었다. 북한대사관이 입학 수속을 했고, 문 씨라는 여성이 통역을 했다. 김여정은 1996년 4월 23일 외국인을 위한 독일어 보충학습 반에 들어간 뒤 1997년 8월부터 초등학교 3학년 반으로 옮겼다. 초등학교 5학년을 마친 2000년 7월까지 기록이 남아 있지만 학교를 그만둔 날짜는 비어 있었다. 김여정은 초등학교 6학년 재학 중인 2000년 말 학교를 그만두고 귀국했다. 이 학교에서 교편을 잡았던 교사에 따르면 김여정은 '북한 외교관의 딸'이라면서 이 학교에 다녔다. 그러나 등하굣길의 동행은 모친이 아니라 여러 명의 여성이 교대로 담당했다. 조금이라도 몸 상태가 좋지 않으면 주변에서 곧바로 병원으로 데려가는 등 보통학생과 다른 취급을 받았다. 교사들이 '과보호 아니냐' 하는 생각을 할 정도였다는 얘기다.

풀리지 않는 출생의 비밀

김정은의 출생과정은 비밀에 부쳐져 있다. 그의 생모인 고영희가 어떻게 김정일과 인연이 맺어졌고, 김정은이 언제, 어떻게 태어났는지에 대한 자세한 기록이 공개되지 않고 있는 것이다. 일반 주민은 물론 북한의 최고위층 사이에서도 '장군님의 여자' 문제를 입 밖에 내는 건 금기시되는 일이다. 무엇보다 이런 은밀한 스토리를 알고 있는 사람이 평양 로열패밀리 내부의 극소수 사람들로 제한된다는 점도 고영희를 비롯해 김정일과 관계를 맺은 여인들의 이야기가 제대로 흘러나오지 않는 이유이기도 하다.

1990년대 초까지도 국가정보원의 전신인 국가안전기획부가 김일성 가계도에 김정일과 고영희의 소생인 김정철과 김정은, 김여정을 올리지 않고 있는 것만 봐도 이들이 전혀 주목받지 못한 존재였음을 알 수 있다. 국정원의 외곽조직 성격을 띤 북한 뉴스 서비스 기관인 내외통신이 1993년 12월에 발간한 『북한용어 300선집』에 실린 가계도에는 아예 고영희의 존재는 없다. 김정일의 처로 김영숙(1947년생, 김혜숙으로도 불림)이 올라있고, 성혜림(1937년생)은 결혼한 정부인이 아니라 동거관계로 표시돼 있다. 김정일의 자녀로는 성혜림과의 사이에 낳은 김정남(1971년생)과 김영숙으로부터 낳은 딸 설송(1974년생)만이 나타나 있다. 고영희가 대북 정보를 담당하는 관계당국으로부터 주목받지 못했거나 관련 정보가 수집되지 않고 있었다는 추정이 가능하다.

김정은의 출생시점도 1984년 1월 8일이란 설이 있지만 확인되지는 않는다. 북한이 공식적으로 밝히거나 관련 자료가 드러난 적이 없기 때문이다. 다만 김정일의 요리사 출신인 일본인 후지모토 겐지의 기억에 의존한 증언을 토대로 잠정적으로

'84년 1월 8일'에 태어난 것으로 간주하고 있다.

관계당국은 김정은의 생모 고영희가 지난 99년 사망한 재일동포 고경택의 딸인 것으로 파악하고 있다. 일본에서 태어난 고영희는 아버지를 따라 60년대 초 북송선을 탔고 평양에서 살았다. 만수대예술단 무용수로 있던 고영희는 70년대 말 김정일의 눈에 들어 줄곧 함께 살았다. 고영희의 여동생 고영숙은 북한 생활에 적응하지 못하고 90년대 말 서방으로 망명했다는 첩보도 우리 정부 당국은 파악하고 있다.

김정은을 둘러싼 출생의 비밀은 그가 김정일의 후계자로 공식화되는 시점에서 공개될 것으로 예상된다. 하지만 그 내용은 실제와는 거리가 있는 우상화된 형태를 띠게 될 가능성이 높다. 김정일이 후계자 시절 '백두 광명성' 등으로 칭송되며 각종 전설이나 '혁명일화'란 형태로 미화된 전례를 따를 것이란 점에서다.

조선민요집

제 2 집

무용수 시절의 고영희 ▶

SUCCESSOR KIM JONG-UN

2

김정은 후계 낙점을 향한 전주곡

_____나리타공항의 황태자

부자세습을 전제로 한 김정일 후계자 문제가 처음 세인들의 관심사에 본격적으로 오르내리게 된 것은 2001년 5월. 그의 장남 김정남이 일본에 밀입국하다 나리타공항에서 적발된 사건 때문이다. 모스크바·제네바에서 유학했고 키 160㎝, 몸무게 90㎏인 김정남은 단숨에 세계 언론의 톱 뉴스를 장식하며 초점이 됐다. 김정남은 당시 위조여권을 소지한 채 아들로 추정되는 네 살배기 남자아이와 두 명의 여성과 함께 일본에 들어가려다 들통이 났다.

서울의 정보당국은 이 사건과 관련해 당시 일본 정부로부터 통보받은 조사결과를 토대로 몇 가지 사실을 밝혔다. 먼저 북한 최고의 정보기관인 국가안전보위부의 간부로 있다거나 정보기술(IT) 관련 책임자로 일한다는 설이 무성하던 김정남의 직책은 '노동당 조직지도부 과장'으로 파악됐다는 것이다. 또 부인 등으로 관측됐던 두 명의 동행 여성 중 선글라스 차림의 여성은 북한 외무성 소속 일본어 통역으로 밝혀졌다. 다른 한 여성은 김정남의 외가 쪽 친척으로, 한 가족처럼 지내며 보모 역할을 해온 것으로 드러났다. 김정남의 부인으로 북한 유일의 민항사인 고려항공사장의 딸이라고 알려진 신정희는 동행하지 않고 베이징에 머무르고 있었다는 것. 의문에 싸였던

김정남의 일본 입국 이유는 아들에게 디즈니랜드를 보여주기 위한 것으로 파악됐다. 당시 김정남 일행은 호주와 싱가포르 등 휴양지를 들르고 도쿄에 입국하려했다.

김정남이란 인물에 대한 관심이 폭발하던 때 그의 이모인 성혜랑이 2001년 5월 일본 시사잡지 주간문춘과의 인터뷰에서 털어놓은 이야기도 눈길을 끌었다. 김정남의 생모 성혜림의 언니인 성혜랑은 서방으로 망명해 신분을 감추고 살고 있었다. 성혜랑은 "북한을 떠나온 뒤 5년간 정남을 보지 못해 확실치 않지만 그 당시는 이렇게 뚱뚱하지 않았다"며 "6세까지 함께 살았지만 정남이가 결혼해서 이렇게 닮은 아이를 낳은 줄은 몰랐다"고 전했다. 성혜랑은 김정남의 부인을 본 적은 없으나 동행한 두 여자 중 어린아이 손을 잡고 걷는 여자 사진을 가리키며 "어린 아이를 돌봐주는 여자로 생각된다. 밖으로 나갈 때는 항상 붙어서 도와주는 여성이 있다"고 말했다. 성혜랑은 선글라스 차림의 여성에 대해 "김정남의 부인인 것 같다"고 추정했다. 일본 정보당국이 파악한 내용과는 차이가 있는 언급이었다. 성혜랑은 선글라스를 낀 여자에 대해 운을 떼며 김정남의 여성관에 대한 이야기까지 털어놓았다. 성혜랑은 "정남은 여성에 대한 심미안이 대단하다"며 "어려서부터 패션 잡지를 보면서 여성용 옷에 대해 비평을 하곤 할 정도로 확실하다"고 말했다. 김정남이 일본의 조직폭력배인 야쿠자와 비슷한 복장을 한 것과 관련해서는 일본에서 눈에 띌 것을 고려해 일부러 그런 복장을 한 것이라고 설명했다. 평소에는 양복을 입고 다닌다는 얘기다. 성혜랑은 김정남이 장난기가 있는 인물이라면서 아버지 김정일을 닮아 영화를 매우 좋아하고 15~16세 때 직접 시나리오를 쓰기도 했다는 점을 공개했다. 배우를 동원해 직접 영화를 만들기도 했고 김정일이 매우 즐겁게 그의 영화를 본 적도 있다고 말했다.

김정남이 일본에서 조사받으며 자신이 김정남이라고 밝혔다는 보도에 대해 "그런 말은 일반인이라면 북한에서는 입이 찢어져도 할 수 없는 말이다. (방문 목적은) 본인이 디즈니랜드에 가려고 왔다고 말한 그대로일 것이다. 위조여권을 사용한 것은 언론이 따라 붙는 것을 피하기 위한 것이다. 그렇지 않으면 구경하러 왔다가 자신이 구경거리가 된다"고 설명했다. 위험이 따르는 일본 입국을 시도한 데 대해서는 김정일이 첫 손자인 김정남의 아들이 귀여운 나머지 가도 좋다고 허락했을 것이란 해석을 내놓았다. 성혜랑의 이런 언급들은 수수께끼 속의 인물 김정남에 대한 세간의 비상한 관심을 더욱 증폭시키는 계기가 됐다.

3대 세습 첫 단추 꿰어지다

이 사건을 기화로 일본을 비롯한 서방국가의 언론은 김정남을 김정일 후계자로 거론하면서 북한의 후계체제에 대해 촉각을 곤두세웠다. 김정남이 체포되기 넉 달 전인 2001년 1월 이뤄진 김정일의 중국방문 때 김정남이 상하이의 중국 IT

업체 시찰에 동행했다는 설이 있었던 점을 들어 후계자 수업에 들어갔다는 관측도 내놓았다. 김정남의 일본행을 두고도 자본주의 체제를 보고 견문을 넓히도록 하려는 김정일의 배려라는 말까지 나돌았다. 당시 김정일의 나이가 환갑을 한 해 앞둔 때라는 점에서 후계 관련설은 설득력을 얻었다. 김정일이 노동당 5기 8차 전원회의에서 후계자로 결정된 74년 2월, 아버지 김일성은 62세였다.

김정남은 한때 왕좌에 거의 다가간 듯했다. 고위 정보 관계자는 일본 밀입국 사건이 벌어지기 몇 해 전인 99년 11월 "김정남이 본격적인 후계자 수업을 위해 9월께 국가안전보위부 지도원 업무를 시작했다"고 밝혔다. 한국의 국가정보원에 해당하는 북한 보위부는 체제유지를 위한 정보수집과 반체제인사 색출 등을 맡은 핵심 정보 권력기관이다. 김정남이 공안기관을 첫 디딤돌로 해서 후계자 수업을 시작하는 것이란 관측이 무성했던 것도 이같은 배경에서였다. 김정남은 보위부의 직책을 맡기 전까지만해도 특별한 직책 없이 5명 안팎의 미모의 여성들과 어울려 주로 유럽지역을 여행하는 것으로 서방 정보기관은 파악했었다. 김정남의 보위부 관련 보직부여 관측은 김정일의 후계자 관련 동향이 처음 확인된 것이란 점에서 주목을 받았다. 당시 정보당국은 김정일이 핵심 측근들이 제기해 온 후계자 조기양성 주장을 받아들인 것으로 판단했다.

김정일이 22세 때인 64년 6월 노동당 조직지도부 지도원을 시작으로 후계자 수업을 시작했고, 80년 10월 6차 당 대회에서 김일성 후계자로 공식 추대된 점도 김정남 중심의 후계구도가 시기적절한 것이란 관측에 설득력을 더해줬다. 세간의 관심이 쏠리자 공개되지 않았던 이런저런 에피소드도 알려졌다. 김정남이 1980년 스위스 제네바 국제학교 입학식 때 당시 이 자리에 우연히 참석했던 노신영 주제네바대표부 대사가 "어디에서 왔느냐"고 묻자 씩씩하게 "피양(평양)에서 왔시오"라고 답했다는 일화도 그 중 하나다.

친구의 형수를 빼앗은 김정일

김정남에 대한 아버지 김정일의 각별한 애정은 북한 고위층들 사이에서는 비밀 아닌 비밀이었다. 김정남의 생모인 성혜림의 언니 성혜랑은 가족사를 담은 책 『등나무집』에서 이를 비교적 소상히 밝히고 있다. 성혜림과 살게 된 김정일이 장남인 김정남을 얻게 되던 1971년 5월 10일의 기록은 김정일·성혜림 러브스토리의 절정이라 할 수 있다.

> 나는 잠결에 수상쩍은 자동차 경적소리를 들었다. 빵— 빠아앙——— 길게 한 번 짧게 한 번… 벌떡 일어나 창턱으로 다가가 아래를 내려다보았다. 우리 집은 4층이었다. 어둠 속에서 덩치가 큰 시커먼 승용차가 바로 내 창 밑에 있는 것이 보였다. (중략) 사진에서 본 김정일 비서였다. "이제 금방 혜림이가 아들을 낳았어!" 그는 툭 반말을 했다. 그의 얼굴에는 기쁨이 흐르고 있었다.

성혜림은 경남 창녕 부호인 성유경(82년 사망)과 김원주(94년 사망) 사이의 1남3녀 중 차녀로 서울에서 태어나 48년 가족과 함께 월북했다. 북한에서 평양 국립영화연극대를 나온 그녀는 〈분계선 마을에서〉, 〈인민교원〉, 〈폭풍시절〉 등의 주연을 맡으면서 은막의 스타로 화려한 젊은 시절을 시작했다. 연극영화대학 출신의 성혜림은 개성있는 미모와 연기력으로 60년대 말 북한 최고의 배우로 자리했다. 1969년에는 영화 〈안개 흐르는 새 언덕〉의 주연배우로 프놈펜 영화축전에 참가한 적도 있다. 영화광으로 알려진 김정일은 예술영화촬영소에 자주 나가 영화제작을 지도했다. 그는 그럴 때마다 성혜림을 각별하게 챙겼다. 공훈배우 칭호를 주고 노동당에 입당시키는 배려를 해주는 등 성혜림의 환심을 사려 애썼다.

김정일이 성혜림을 처음 만난 것은 영화촬영 때문이 아니었다. 당시 성혜림은 이미 다른 남자와 결혼한 몸이었다. 그녀는 소설 『땅』으로 유명한 월북작가 이기영(전 문예총 위원장·84년 사망)의 맏며느리였다. 당시 최고 권력자인 수상의 아들이던 김정일은 이기영의 둘째 아들이자 친구인 이종혁과

영화 〈분계선 마을에서〉

어울렸다. 남산고중 시절 오토바이를 타고 친구의 집에 드나들던 김정일은 친구 종혁의 형수 혜림에게 한눈에 반해버렸다. 성혜림은 김정일에게 5살 연상의 여인이었다. 성혜랑은 『등나무집』에서 "김 위원장에게 친구 형수인 혜림의 인상은 모성의 향수 같은 것을 불러일으켰을지 모른다"며 "혜림은 엄마 없이 자란 그(김정일)의 어린 시절과 아버지의 세도 밑에서 고독하게 헤매던 그의 청춘을 이해해 주었다"고 적고 있다. 김일성 가족사에 밝은 북한 전문가들은 실제 김정일의 생모인 김정숙과 성혜림이 비슷한 이미지의 외모를 갖고 있다고 주장한다. 이런 점이 20대 김정일의 마음을 뒤흔들었을 것이란 얘기다.

김정일은 성혜림을 차지하기 위해 이혼수속을 밟게 한 뒤 몰래 살림을 차렸다. 이에 대해 북한 전문가 이기봉은 1993년 2월 남북문제연구소에서 발간한 『김정일 그는 어떤 인물인가』라는 책에서 "성혜림은 중앙당을 통해 남편 이평과 강제로 이혼, 김정일과 내연의 관계를 계속하고 있으며 두 사람 사이에 태어난 아들 김정남과 함께 모스크바에 살고 있다"고 기술했다. 졸지에 절대 권력자의 후계자에게 아내를 빼앗긴 성혜림의 남편 이평은 충격을 이기지 못하고 강물에 몸을 던져 자살한 것으로 서울의 정보당국은 고위 탈북자의 증언 등을 통해 파악하고 있다. 당시 형수를 빼앗긴 김정일의 친구 이종혁은 북한의 금강산관광 사업 등 굵직한 대남 프로젝트를 총책임지고 있는 조선아시아태평양평화위원회 부위원장이다. 대북 관측통들 사이에서는 형수를 빼앗고 형의 목숨까지 앗아간 김정일의 두터운 신임을 받으며 이종혁이 승승장구하고 있는 데 대해 북한 권력 내부의 풀리지 않는 수수께끼 중 하나라는 평가를 내리고 있다.

_____ 버림받은 비운의 여인 성혜림

당대 최고 권력자의 장남이자 후계자로 부상하던 청년 김정일의 눈을 멀게했던 성혜림의 행복은 오래가지 않았다. 시아버지 김일성으로부터 며느리로 인정받지 못한 것이었다. 수령의 장손자라 할 김정남을 낳고도 축복받지 못했다. 출산 과정에서도 북한 최고위층들이 이용하는 평양 봉화진료소를 뒷문으로 드나들어야 하는 등 어려움을 겪은 것으로 전해진다. 김정일의 불장난 같은 사랑도 오래가지 않아 뜨거움을 잃고 식어버린 것이다.

김정일은 70년대 중반 북송 재일교포 출신인 무용수 고영희에 빠져버렸다. 성혜림과는 자연스레 멀어졌다. 숨겨진 동거녀에 불과했던 성혜림과 달리 고영희는 퍼스트레이디로서 대우받았다. 시아버지인 김일성으로부터 인정받은 어엿한 로열패밀리의 며느리로 안방을 차지했다. 이런 모습을 목도하며 실연의 아픔을 삭여야했던 성혜림은 심각한 우울증에 시달렸다. 혜림은 언니 성혜랑 등 측근과 함께 은밀하게 서방세계를 여행하며 마음을 달랬다. 자연스레 모스크바와 스위스 등 유럽지역에 체류하는 경우가 많아졌다.

96년 2월에는 성혜림이 제3국으로의 망명했다는 주장을 조선일보와 월간조선이 함께 내놓아 서울이 발칵 뒤집히기도 했다. 성혜림의 망명설이 사실로 드러날 경우 이는 북한 체제에 결정적 타격이 되고 체제붕괴의 전주곡으로까지 해석될 수 있다는 점에서 그녀의 행방은 초미의 관심거리였다. 당시는 김일성이 사망한 지 채 2년이 지나지 않아 북한 김정일 권력의 미래가 불투명하다는 관측이 힘을 얻던 때다. 그러나 같은 해 7월 말 '성혜림은 망명 의사가 없었고 다시 모스크바로 돌아갔다'고 한국과 러시아 정보 소식통들이 잇따라 밝혀 분위기가 반전됐다. 크렘린 소식통은 "성혜림 등 성씨 일가가 제네바에 간 것은 사실이지만 성혜림은 모스크바로 돌아가 북한의 영향력이 미치는 지역에서 관계 요원들의 보호를 받고 있다"고 말했다.

1970년대 초 모스크바에서의 성혜림 모습. 우울증과 심장병으로 치료중이었다.

이후 그녀의 행적에 대한 관심은 잦아들었다. 곧이어 성혜랑이 자서전에서 "서방으로 탈출한 것은 자신과 딸 이남옥 뿐"이라고 밝혀 성혜림 망명 파동은 일단락됐다. 관계 당국의 고위 인사는 당시 사태와 관련해 "일부 언론의 섣부른 망명설 보도로 성혜림은 사실상 영어(囹圄)의 몸이 되면서 오랜 은둔 생활을 강요당할 수밖에 없었을 것"이라고 말했다. 망명설 보도 등을 계기로 성혜림은 북한당국의 철저한 감시 아래 들어갔고, 행적자체가 오리무중의 상태가 되버린 것이다. 2002년 5월, 결국 그녀는 심장병 치료를 위해 머물던 모스크바의 한 병원에서 지켜보는 가족도 없이 파란만장했던 생을 마감했다. 65세의 나이였다.

성혜림의 장례식에 북한은 아무도 보내지 않은 것으로 알려졌다. 그녀는 모스크바 서쪽 트로예쿠롭스코예 묘지에 묻혔다. 이국에서 쓸쓸하게 어머니를 여읜 김정남의 아픔은 남다를 수밖에 없다. 김정남은 무덤 뒷면에 묘주로 자신의 이름을 새겨 어머니에 대한 그리움과 못다한 사랑을 표현했다. 북한 당국은 묘지기로 최준덕이란 인물을 현지에 남겼다. 북한에서 주치의로 성혜림을 돌봤던 최준덕은 성혜림의 모스크바행에 자청해서 따라왔고 성혜림이 숨지자 그대로 남았다. 2009년 8월 한국의 한 일간신문에 "성혜림의 묘가 잡초와 낙엽이 쌓여 무연고 묘를 연상케 한다"는 보도

가 실렸다. 이를 본 김정남은 극도의 분노를 표출했다고 한다. 김정남은 "자기 어머니 묘 하나 관리하지 못하는 불효자식이라고 세계 사람 앞에서 망신당했다"며 펄쩍 뛰었다. 그리고 즉시 모스크바로 날아가 묘지기 역할을 한 '최 영감'을 멱살잡이까지 한 것으로 전해지고 있다.

성혜림의 언니 성혜랑은 96년 유럽의 한 국가로 망명해 신분을 감춘 채 살고 있으며 성혜랑의 딸 남옥 씨 부부는 앞서 92년 서방국가로 망명했다. 성혜랑의 아들 이한영은 82년 한국으로 망명했다. 이한영은 저술과 인터뷰 등을 통해 김정일을 비롯한 평양 로열패밀리의 내밀한 생활을 공개해 화제가 됐다. 북한당국의 미움을 사 신변에 위해가 될 수 있다는 관계당국의 조언에 따라 성형수술을 하기도 했다. 하지만 이한영은 97년 경기도 분당의 자택 앞에서 북한공작원으로 추정되는 괴한에게 총격을 받아 숨졌다.

81년 8월 19일 김정일이 장남 김정남(앞줄 오른쪽)과 처형인 성혜랑 가족과 촬영한 사진
뒷줄 왼쪽부터 성혜랑, 딸 이남옥, 아들 이한영

_____후계구도에서 탈락한 이복형

한국과 서방언론의 스포트라이트를 받으며 김정남이 일본에서 추방 형태로 중국으로 돌아온 뒤 분위기는 반전됐다. 북한체제와 평양 로열패밀리의 이미지에 먹칠을 함으로써 완전히 아버지의 눈 밖에 났다는 설이 나돌기 시작했다. 일본 경찰의 김정남 밀입국 적발은 "정남이 후계자 수업을 받고 있다"는 홍콩 시사월간 광각경(廣角鏡)보도가 나온 지 10여 일 뒤에 터졌다. 이 때문에 김정남의 동선을 파악하고 있던 일본을 비롯한 서방 정보기관이 김정일을 곤경에 빠트리고 북한 내부 동향을 떠보기 위해 일부러 사건을 만들어낸 것이란 음모설도 제기됐다.

북한 후계에서 멀어졌던 세인의 관심을 다시 모은 건 한국 정부 쪽이었다. 밀입국 사건이 불거진 지 3년여가 지난 2004년 9월 22일 국가안전보장회의(NSC)사무차장 이종석은 기자들과 만난 자리에서 "김정남은 (후계자가) 아닐 것"이라며 선을 그었다. 북한 전문가인 이종석의 이런 언급은 김정일 후계와 관련해 정부 고위당국자가 입을 연 매우 이례적인 일이다. 그의 발언은 정부가 북한 권력승계 징후를 비교적 구체적으로 파악하고 있으며, 승계 대상에 대한 가닥도 잡고 있음을 내비친 것이다. 이런 언급은 당시 초미의 관심사였던 김정일의 처 고영희의 사망관련 정보를 설명하는 가운데 나왔다. 사망원인과 시기를 둘러싸고 혼선과 추측보도가 난무한 것을 의식했기 때문이다. 이종석은 "고영희 사망의 경우 우리가 얘기 않는 게 북한에 대한 예의"라면서도 "그렇지만 일부 언론에서 '8월 13일 사망설(실제 5월 사망)' 같은 잘못된 보도를 내놓는 등 혼선이 빚어져 차라리 정리해 주는 게 좋겠다고 생각해 사망 시기를 비공식적으로 공개했다"고 배경을 설명했다.

북한에 유화적 태도를 보이던 노무현 정부는 김정일의 가족이나 최측근에 대한 정보제공이나 공개에 조심스런 태도를 보였기 때문에 이런 언급은 언론의 관심을 모으기에 충분했다. 이종석의 발언은 이런저런 미확인 첩보나 소문 수준에다 일본 등의 외신보도를 곁들여 후계문제를 다루던 한국 언론에게는 중요한 기준점이 됐다. 이후 김정남의 탈락은 기정사실이 됐다. 평소 방탕한 생활로 수차례 문제가 됐고 가짜여권 사건이 결정적이었다는 것이다. 여기에다 생모인 성혜림이 '서방 망명설'에 휘말리는 등 김정일의 스타일을 구기게 만든 것이 부담이 됐다는 분석이 나왔다. 김정일에게 사실상 버림받은 성혜림이 2002년 5월 모스크바에서 쓸쓸히 숨을 거둔 점도 김정남이 평양 로열패밀리 그룹에서 지지기반을 상실했음을 보여주는 것으로 해석됐다.

'존경하는 어머니'로 불린 생모 고영희

김정남이 후보에서 밀리면서 차남인 김정철이 유력한 후계자로 떠올랐다. 김정일과 고영희 사이에 태어난 2남 1녀 중 장남인 김정철은 나이가 어리지만 아버지의 각별한 사랑을 받고 있다는 주장이 제기됐다. 얼마 지나지 않아 '차남 승계설'은 곳곳에서 탄력을 받았다. 김정철은 동생 김정은과 마찬가지로 1990년대 중반 스위스 베른의 국제학교에서 공부한 유학파로 알려져 있다. 독일어와 영어에 능통하고 컴퓨터와 IT 분야에 관심이 있다는 것이다. 정보당국은 김정철이 2006년 독일을 방문해 기타리스트 에릭 클랩튼의 공연을 관람하는 장면을 포착하기도 했다. 또 김정철이 베른국제학교 유학시절에 미 프로농구단 시카고 불스의 티셔츠를 입고 있는 장면이 서방 언론을 통해 공개된 적도 있다. 김정철은 아버지와 달리 국제감각과 개방적인 성격까지 갖춘 인물로 평가됐다.

고영희에 대한 우상화 작업이 북한에서 탄력을 받고 있다는 정보는 결정적으로 김정철 대세론에 힘을 보탰다. 2002년 8월 조선인민군출판사에서 대외비로 펴낸 자료가 고영희를 '존경하는 어머님'으로 표현한 것이다. 이전까지 북한체제에서 어머니는 김정일의 생모인 김정숙(49년 9월 사망)을 지칭하는 표현이었다. 북한 후계문제의 향배가 어떻게 될지에 세간의 관심이 쏠렸던 당시로서는 매우 흥미로운 정보가 아닐 수 없었다. 하지만 '어머님'으로까지 우상화할 수 있느냐를 두고 첩보 입수 초기 북한 정보파트 내에서도 반신반의하는

고영희

분위기가 있었다. 하지만 한·미 정보당국은 대북 첩보망을 총동원해 입수한 정보를 분석한 결과 '시인된 정보'라는 결론을 얻었다. 정보요원들 사이에 '시인된 정보'란 첩보 차원의 이야기를 추가 정보수집이나 크로스체크·보완을 통해 사실로 최종 확인한 것을 말한다. 소위 '영양가 있는 정보'로 분류해 관리되며 미 CIA등과의 정보교류협의회 등을 거쳐 한·미 공동의 대북정보로 자리매김하게 된다.

인민군출판사의 우상화 자료와 함께 김대중 정부가 출범한 1998년 최전방의 북한군 민사행정경찰 부대들을 대상으로 고영희에 대한 개인숭배가 이뤄졌었다는 증언도 나왔다. 북한군 2군단 6사단에 근무하다 귀순한 병사 주성일의 입을 통해서다. 주성일은 2002년 2월 김대중 대통령과 조지 W. 부시 미 대통령의 도라산역 방문 하루 전 휴전선을 넘어 한·미 정보당국을 극도로 긴장케 한 인물이다. 아버지가 북한 공군의 비행단장 출신인 주성일은 휴전선 일대 대남 선전방송을 담당했다. 주성일은 "김정일의 부인인 고영희를 '사모님', '우리의 어머님'으로 불렀고 '사모님 따라 배우기'를 군 총정치국의 주도로 활발하게 벌였다"고 증언했다. 주성일은 특히 "99년 봄 김정일이 전방부대를 방문했을 때 고영희도 함께 왔다"며 "고영희는 인민군들에게 부식을 챙겨주고 함께 사진을 찍기도 했다"고 말했다. 고영희가 김정일의 군부대 현지지도에 동행했다는 증언은 우리 관계당국 요원들의 아드레날린을 솟구치게 했다. 주성일의 증언이 사실이라면 그녀가 북한의 퍼스트레이디 역할을 하는 것은 물론 후계자 옹립을 위한 활동도 벌이고 있다는 말이기 때문이다. 병실(兵室·병사들의 생활관)에 고영희 초상이 걸리는 등 숭배 움직임도 있었다는 게 주성일의 설명이다. 하지만 이 대목에 대해서는 정보기관에서는 개연성이 충분하다는 판단을 하면서도 구체적인 사실관계 확인은 못한 것으로 전해지고 있다. 이런저런 설이 많았지만 2004년 5월 고영희의 사망 이후 우상화 작업이 완전히 중단된 상태라 더 이상 추적이 불가능했다는 것이다.

한·미 정보당국 긴장시킨 평양의 젊은이

북한 후계와 관련해 김정철 대세론이 확산되자 서방 정보 소식통들 사이에서는 "평양의 24살 젊은이가 한국과 미·일 등 주변국 정보기관을 긴장시키고 있다"는 관측을 내놓았다. 독일 슈피겔지는 2005년 11월 21일자 보도에서 "10월 말 중국의 후진타오 국가주석 방북 때 김정철이 만찬에 등장했다"고 전했다. 이에 앞서 홍콩의 언론은 "후 주석 방북 때 김 위원장은 후 주석을 초청한 비공개 가족연회에 차남 김정철을 소개할 것으로 관측된다"고 보도했다. 서방 언론들은 김정철이 1990년대 중반 스위스 베른국제학교에서 공부했고 영어·독일어를 구사하고 컴퓨터에 관심이 있다는 등의 관련 보도를 잇달아 내놓으며 비상한 관심을 보였다.

물론 김정철이 해외를 포함한 공개활동으로 보폭을 넓혔다는 관측에 대해서는 반론도 만만치 않았다. 중국이 북측에 대해 후계자를 보자고 했다거나, 김정철을 공식 만찬에 불렀다는 것은 외교적 결례에 가까운 것이라며 외신 보도를 믿기 어렵다는 반응을 보인 것이다. 논란의 불길은 당시 반기문 외교통상부장관이 진화했다. 반 장관은 "확인해 봤는데 그런 내용은 없던 것으로 알고 있다"고 말해 일단 김정철의 방중설은 신빙성이 떨어지는 것으로 결론지어졌다.

다양한 미확인 첩보도 이어졌다. 김정일이 환갑을 맞은 2002년께 평양의 노동당 조직지도부 사무실에 '김정철 동지의 사업체계를 세우자'는 구호가 내걸렸다는 것도 그 중 하나다. 김정일이 김정철을 후계자로 내정하고 이를 정당화하기 위한 준비작업을 본격화하고 있다는 해석이었다. 구호 외에 김정철의 사진이 노동당 일부 핵심부서에 내걸렸다는 이야기도 나돌았다. 또 중국 베이징의 북한 대사관원들을 중심으로 김정철의 초상휘장(얼굴이 새겨진 배지)을 달고 다닌다는 설도 흘러나왔다.

김정철의 모습은 일본 TV 방송사에 의해 비교적 소상하게 공개되기도 했다. 후지 TV는 2006년 6월 15일 김정철의 독일 방문 장면이 담긴 동영상을 방영했다. 키 170cm 정도의 김정철은 청바지와 가죽 점퍼에 영국의 세계적 가수이자 기타 연주자인 에릭 클랩튼의 연주 모습이 그려진 연한 고동색 티셔츠를 입고 있었다. 옆에는 애인으로 보이는 흰색 바지에 연한 푸른색 재킷 차림의 젊은 여성이 동행했다. 김정철과 이 여성은 모두 손가락에 같은 모양의 반지를 끼고 있었다. 일행은 4~5명인 것으로 파악됐다. 후지TV는 "그가 에릭 클랩튼의 콘서트를 보기 위해 독일에 왔다"고 보도했다. 비디오에는 콘서트를 감상하는 장면도 담겨 있었다. 후지TV는 "이 비디오를 월드컵 개막 전인 6월 3일부터 6월 7일까지 독일 내 4개 도시에서 촬영했다"며 "그는 6월 3일 프랑크푸르트, 4일 슈투트가르트, 6일 라이프치히, 7일 베를린을 순회하면서 열린 에릭 클랩튼의 콘서트를 모두 관람했다"고 보도했다. 후지TV는 김정철이 에릭 클랩튼의 열렬한 팬이라고 전했다. 김정철은 동행한 여성이 디지털 카메라로 사진을 찍자 왼손을 들어 보이고 촬영한 화면을 함께 들여다보는 등 서방에서의 공개활동에 거리낌이 없어 보이는 모습을 보였다. 일행들과 기념 촬영을 하는 장면도 등장했다. 김정철은 "어디서 왔느냐"는 영어 질문에 "왜?"라고 역시 영어로 반문했다. 훗날 김정철이 후계구도에서 탈락하자 이때의 신변노출도 한 원인이 됐다는 관측이 나왔다.

김정일이 한밤중에 기다린 여인

김정철이 후계자로 급부상하자 생모인 고영희에 대해 관심이 급격히 쏠리며 해프닝도 벌어졌다. 2006년 7월 고영희가 쓴 자서전이 평양에서 출간됐다는 뉴스는 언론과 대북 정보기관의 구미를 당기게 했다. 『유술(柔術·북한에서는 유도를 지칭)애국자』란 제목의 책은 유도선수 출신으로 북한의 체육발전에 공헌한 아버지를 딸 고춘행이 회고하며 김정일의 은덕을 찬양하는 내용이 실려 있다. 제주도 출신으로 북송 재일교포 출신인 이 책의 저자 고춘행이 고영희의 본명이란 얘기였다. 이 책에 "1973년 어느 날 밤 11시 잠자리에 들려는데 장군님이 기다리신다는 연락이 왔다"는 대목이 등장한 걸 놓고 일각에서는 김정일과 고영희의 각별한 관계를 암시한 것이란 해석도 제기했다. 책의 출판 배경을 놓고 고영희와 그 아들인 김정철의 후계자 옹립과 밀접한 관계가 있는 것이란 관측도 나왔다. 하지만 우리 정보당국은 평양의 김정일 가계에 대해 축적해온 비공개 파일과 내부 정보망을 가동해 고춘행과 고영희는 별개의 인물이라는 점을 확인했다. 고영희는 99년 사망한 재일동포 고경택의 딸이라는 걸 밝혀낸 것이다. 공교롭게도 두 여성 모두 제주도 출신 고 씨인데다 재일동포란 점 때문에 혼돈이 일어난 것으로 판명됐다. 무엇보다 절대 권력자인 김정일이 북송 재일교포 출신의 여성을 한밤중에 '기다린다'는 식으로 책을 평양에서 펴내는 건 상상도 할 수 없다는 점에서 신빙성이 없는 것으로 최종적인 정보 판단이 이뤄졌다.

_____ 암호명 '백두산 세 봉우리'

2003년 9월 김정일이 위원장으로 있는 국방위원회의 위원에 임명된 백세봉이란 인물을 두고도 한동안 이런저런 억측이 끊이지 않았다. 백세봉이 바로 고영희의 아들 김정철의 가명이란 첩보가 입수돼 관계당국을 바짝 긴장시켰다. 후계문제를 다뤄온 북한 전문가들도 백세봉 찾기에 매달렸다. 백세봉이 '백두산의 세 봉우리'를 줄인 말로 이는 바로 김정철을 지칭하는 것이란 은어적 표현이란 해석도 나왔다. 백두산은 북한이 혁명의 성지로 부르는 곳. 김일성·김정일 부자 우상화를 위해 북한은 이른바 '백두혈통'을 만들어냈고, 김정일이 출생했다고 주장하는 백두산 밀영(김일성이 항일혁명 시기 머물렀다는 비밀병영)의 뒷산을 정일봉이라고 명명하기도 했다. 김정철을 후계자로 내정하고 그에게 국방문제 등에 대한 소양을 쌓을 기회를 주고 황태자 수업을 시키기 위해 가명으로 국방위원 직위를 부여했다는 게 백세봉에 대한 유력한 해석이었다. 같은 해 일본 언론은 "김정철 동지를 당 조직지도부 실무학습 기간이 끝나면 6개월간 고급 당학교 과정을 거치도록 하라고 하셨다"는 '김정일 지시문'을 보도해 후계자 내정이 가시화되는 듯한 흐름이 이어졌다. 또 이듬해 3월에 열린 최고인민회의(우리의 국회) 주석단의 모습을 북한 TV가 이례적으로 공개하지 않은 것을 두고 "백세봉이란 이름으로 등단한 김정철의 존재를 외부로 노출시키지 않으려는 움직임"이란 주장도 나왔다. 학계에서는 백세봉의 존재를 놓고 적지 않은 논쟁이 벌어지기도 했다. 대북 정보기관 핵심 관계자는 "당시 2년 가깝게 백세봉의 정체를 확인하기 위해 대북 정보망을 가동했었다"면서 "그렇지만 백세봉이 김정철의 가명이란 주장은 사실과 거리가 있다는 게 우리 판단이었다"고 밝혔다. 국정원은 외부에 공개하지 않은 고위급 탈북귀순자를 통해 백세봉이 실제 국방위원회에서 사업해 온 비교적 고령의 인물이며 국방위원장인 김정일의 지시에 의해 위원으로 예우받고 있는 것으로 판단을 내렸다는 얘기다. 백세봉을 둘러싼 논란은 노동당 기관지 노동신문 2009년 4월 10일자를 통해 종결됐다. 이 신문은 하루 전 열린 최고인민회의 12기 1차 회의에서 선출된 12명의 국방위원 사진을 게재했다. 여기에 60대 후반에서 70대로 추정되는 백세봉 국방위원의 얼굴이 공개됐다. 김정철과는 무관한 실제 인물임이 확인된 것이다.

_____ 파리서 숨진 고영희 운구 한국정부가 돕다

김정철이 후계자로 유력하다는 설은 생모 고영희의 사망과 함께 주춤해졌다. 고영희는 2004년 5월 프랑스 파리에서 암 치료 중 숨진 것으로 뒤늦게 확인됐다.

고영희는 사망하기 한 해 전 10월, 평양에서 교통사고를 당해 중태에 빠졌다는 루머가 나돌기도 했다. 그렇지만 사고가 아닌 암으로 인해 고통 받은 것으로 파악됐다. 사고설이 나돈 직후인 2003년 10월 말 정세현 당시 통일부 장관은 국회 답변에서 "고씨가 상당히 중한 병을 앓고 있는 것으로 알고 있다"고 말했다. 그는 "고씨가 몇 해 전 유선암 수술을 해외에서 두 차례 받았는데, 최근 재발돼 건강이 매우 좋지 않다"고 상당히 구체적인 상황을 공개했다. 고영희는 1998년께 유선암을 진단받아 한쪽 유방을 절제해야 했으나 그럴 경우 '김정일의 여인'으로서의 자리가 위태롭게 될 수 있다고 판단해 의료진의 종용에도 불구하고 절제 대신 항암치료를 선택한 것으로 알려졌다. 결국 5년여 뒤 암이 재발해 파리의 한 병원에서 치료받던 중 사망한 것이다.

고영희가 뇌신경계의 지병에 시달렸다는 증언도 있다. 김정일의 요리사를 지낸 일본인 후지모토 겐지 씨는 2003년 10월 23일자 일본 산케이신문과 인터뷰에서 고영희가 2000년 12월 28일 신천초대소에서 자장면을 먹던 중 젓가락을 떨어뜨린 뒤 다시 주워 올리지 못했다고 전했다. 당시 김정일은 주치의로부터 "머리에 구멍을 내면 곧바로 낫는다"는 말을 들었으나 "그런 방법으로 반신불수된 사람을 많이 봤다"며 바로 고영희를 프랑스로 보내 치료를 받게 했다는 것이다.

아무튼 신병치료차 파리에 머물던 고영희가 숨지자 북한은 시신을 운구하기 위해 고려항공 특별기를 보냈다. 이 과정에서 최고급 관이 베이징을 거쳐 평양에 들어가는 것이 목격돼 북한 최고위급 인물의 사망이 있었을 것이란 추측성 보도가 나오기 시작했다. 당시 정부는 북한을 자극할 수 있다는 점과 망자에 대한 예우라는 차원에서 관련 정보를 비밀에 부쳤다.

당시 노무현 정부가 고영희의 시신을 평양으로 운구하는 과정에서 북한에 이런저런 도움을 줬다는 첩보도 있다. 프랑스와 국교가 없는 북한으로서는 국모 격인 고영희가 파리에서 사망한 것이 여간 당혹스런 일이 아니었다. 이런 점을 간파한 한국 정부가 현지의 외교공관과 정보요원을 동원해 시신수습이나 운구 등의 관련 대책을 도왔다는 것이다. 김정일은 당시 시신 운구를 위해 고려항공 특별기를 프랑스에 보냈다. 당시 사정에 밝은 정보기관 핵심 관계자는 "김정일의 특명을 받은 운구단이 평양에서 왔는데 놀랍게도 단장이 여자였다"며 "확인 결과 그 여성은 김정일의 또 다른 여인인 김옥이었다"고 귀띔했다. 김옥은 김정일의 수행비서 출신으로 알려져 있다. 그녀는 고영희의 뒤를 이어 김정일과 함께 지내며 사실상 퍼스트레이디 역할을 하고 있는 것으로 관계당국은 파악하고 있다. 고영희는 생전 김옥과 좋은 관계를 유지한 것으로 알려져 있다. 당시 한국 정부가 고영희의 시신 운구과정을 도운 데 대해 보고받은 김정일은 고위 채널을 통해 노무현 대통령 측에 감사의 뜻을 전달해 온 것으로 핵심 관계자는 전하고 있다. 평양에 도착한 고영희의 시신은 평양 용성구역에 별도로 조성된 특별 묘역에 안장된 것으로 파악되고 있다.

_____ 가슴이 불거져 낙마한 둘째 아들

고영희가 숨진 지 1년 반 정도 지난 시점에 김정철이 승계 1순위에서 완전히 밀려났다는 새 정보가 나오면서 북한 권력승계 구도는 혼미해졌다. 김정철이 후계자로 내정되기 어려운 심각한 질병을 앓고 있다는 결정적 흠결이 드러난 것이다. 이런 정보를 관계당국이 파악하고 있다고 언론에 전한 사람은 뜻밖에도 국책연구기관의 한 북한 전문가였다. 이 전문가는 2006년 2월 13일 기자들과 만나 "김정철이 여성호르몬 과다분비증세에 시달리고 있다는 얘기를 정보기관 관계자로부터 들었다"고 말했다. 김정철이 여성처럼 가슴이 불거지는 등 문제가 생겼다는 얘기였다. 이 전문가가 속한 곳은 국가정보원이 사실상 운영하는 것으로 알려진 국가안보전략연구소였다. 기관의 특성상 민감한 대북관련 정보의 공개가 제한되는 상황에서 소속 박사가 기자들에게 이런 언급을 할 수 있다는 건 국정원과의 사전 조율이 있었음을 나타내는 것으로 받아들여졌다.

비슷한 시기 김정철의 내성적인 성격을 김정일도 못마땅해 했다는 등의 소문도 흘러나왔다. 또 김정철이 원산에서 심각한 교통사고를 당해 불구가 됐다는 등의 유고설도 광범위하게 확산됐다. 김정철의 교통사고설은 2010년 6월 1일 남성욱 국가안보전략연구소장을 통해 다시 거론됐다. 남성욱 소장은 행정안전부에서 열린 안보교육 강연에서 "김 위원장의 둘째 아들 김정철은 교통사고 후유증으로 건강이 좋지 않아 후계구도에서 멀어진 것"이라고 강조했다. 공교롭게도 호르몬계 이상으로 김정철이 후계구도에서 배제됐다는 정보를 알린 박사가 소속된 국책연구기관의 책임자가 4년여 뒤 그의 탈락을 재확인하는 언급을 내놓은 것이다. 에릭 클랩튼을 좋아하고 개방적인 성격의 '유학파 귀공자' 김정철은 후계 자리를 눈앞에 두고 도중하차해야 했다. 그 후 김정철의 행적은 한 번도 공개되지 않고 있다.

SUCCESSOR KIM JONG-UN

3

쓰러진 김정일, 우뚝 선 김정은

후계 0순위에 오르다

김정일의 장남 김정남과 차남 김정철이 모두 후보군에서 밀려나자 셋째 아들 김정은이 남았다. 부자승계를 내심 염두에 두고 있던 김정일로서는 마지막 남은 카드였다. 김정은은 김정일의 세 아들 중 우리 관계당국의 주목을 거의 받지 못한 인물이다. 후계의 자리에서 멀리 떨어진 것으로 간주됐기 때문이다. 자연히 그의 인물파일에는 정보가 부실했다.

키가 175㎝ 정도에 농구를 좋아하는 그는 형 김정철과 함께 한때 세계 최장신 농구선수로 알려졌던 북한의 이명훈(234㎝), 북한의 '마이클 조던'으로 불리던 박천종 등으로 남자 농구 '우뢰팀'을 만들어 농구경기를 즐겼다고 한다. 이명훈의 미 프로농구(NBA) 진출을 아버지에게 졸라 해외진출이 추진되기도 했다.

그는 1996년 스위스 베른국제학교를 졸업한 뒤 2001년 1월 평양으로 귀환한 것으로 파악되고 있다. 김정은은 형 김정철과 여동생 김여정과 함께 스위스 국제학교를 다녔지만 외부와 단절된 환경에서 생활한 탓인지 상당히 폐쇄적 성향이었다. 스위스에서 서방 자본주의의 나쁜 문물에 물들 것을 우려한 김정일과 생모 고영희의 지시에 따라 학교와 집 이외에는 거의 외출을 하지 않았다는 것이다. 외식을 할 경우에는 김정일의 비자금 관리인으로 알려진 스위스 주재 이철 대사가 반드시 동행했다는 후문이다. 김정일은 김정은의 외부출입을 이같이 엄격히 제약하는 대신 스위스의 대형 저택 안에 완벽한 생활 편의설비를 해주고 왕재산경음악단 단원들까지 보내주는 등 평양의 관저에 버금가는 호화로운 삶을 할 수 있게 해줬다.

김정은은 외국 생활을 접은 뒤 2002년부터 2007년 4월까지 5년제인 김일성군사종합대학에 다닌 것으로 파악되고 있다. 군 경력을 쌓기 위한 준비 작업이었다. 김일성군사종합대학 재학 때 실제 등하교를 하지는 않았다고 한다. 대신 노동당 조직지도부 부원으로 등록한 이 대학 교수들이 집에 드나들며 대학 교재로 강의하는 방식으로 공부한 것으로 전해졌다. 일각에서는 김정은이 2002년 김일성대 물리학부 특설반에 다녔다는 소문도 흘러 나온다.

북한은 주민들에 대한 후계교양 과정에서 김정은이 졸업과 함께 상위(한국군의 중위와 대위 사이 계급)에 임명됐다고 선전한다. 또 2004년부터 3년간 강원도 평강군에 있는 5군단 산하 포병부대에서 군 복무를 했다고 주장하기도 한다. 군 복무 경험이 없이 군 고위직에 올라야 하는 김정은에 대한 군부원로와 주민들의 반발을 고려한 선전책이란 게 관계당국의 설명이다.

김정은은 김정일의 성격과 외모를 빼닮아 아버지의 남다른 사랑을 독차지했다. 또 어릴 때부터 생모 고영희의 영향을 받아 후계자가 되겠다는 야심이 상당히 강했다고 한다. 특히 그는 조직 장악력과 리더십을 갖춰 자신의 추종세력을 구축하는

데도 적극적인 것으로 알려졌다. 고영희가 살아있을 당시 어린 김정은은 군복 차림에 권총을 차고 다녔으며, 김정일의 군부대 시찰에 앞서 경호를 사전 점검한다는 이유를 내세워 현장 답사를 하기도 했다. 또 김정일 앞에서 선군정치를 찬양하고 혁명 계승을 외치는 등의 정치 성향이 강한 행보를 자주 보인 것으로 전해지고 있다. 유약한 성격의 김정철과 달리 정치적 야심이 강하고 저돌적이며 영악하고 변덕스럽다는 인물평도 있다.

김정은 등극 예언 적중한 일본인 요리사

은둔의 황태자로 여겨졌던 김정은을 본격적으로 세상 밖으로 드러낸 사람은 뜻밖에도 일본인이었다. 후지모토 겐지라고 하는 이 일본인 요리사는 김정일이 좋아하는 일식을 전담해서 조리하던 인물이다. 13년간 평양에 머물었던 그는 2003년 6월 일본 후소샤에서 펴낸 『김정일의 요리인-가까이서 본 권력자의 본모습』에서 김정일 권력 내부의 은밀한 이야기들을 비교적 소상히 전했다. 이 책에서 후지모토 겐지는 "김정일 위원장의 후계자로 김정철보다 김정은이 더 유력하다"고 예언했다. 김정일이 엄마인 고영희를 많이 닮은 김정철보다 자신을 빼닮은 김정은을 더 좋아했다는 것이다. 그의 예상은 적중했다.

세인들의 각별한 관심을 끈 건 고영희 소생의 두 아들인 김정철·김정은 형제와 관련한 내용이었다. 특히 후지모토는 당시 후계자로 유력시되던 김정철과 관련해 세간의 관측과는 다른 판단을 내놓아 각국 대북 정보기관은 물론 언론 등의 관심을 끌었다. 그는 "성혜림이 낳은 장남 김정남이 일본 밀입국 실패로 아직 북한에 못 돌아가고 있어 고영희의 첫 아들 김정철이 후계자가 된다는 설도 있다. 하지만 그런 일은 없을 것"이라고 단언했다. "김정일은 늘 김정철을 가리키며 '쟤는 안 돼. 여자애 같아서…'라고 말하곤 했다"는 것이다. 후지모토는 "김정일이 가장 마음에 들어 한 아이는 차남인 김정은으로, 김정일과 체형까지 흡사하다. 하지만 김정은의 존재는 아직 표면에 잘 드러나 있지 않다"고 지적했다. 훗날 김정은이 후계자로 내정된 사실이 알려지면서 후지모토는 북한 권력 내부의 동향을 가장 잘 읽어낸 인물로 남게 됐다. 북한 후계연구 등을 위해 학자와 전문가들이 지금도 그와의 면담을 줄지어 희망하는 것도 이런 배경에서다.

후지모토는 자신의 책에 김정은과 접촉했던 상황에 대한 소감도 소상히 담았다. 그는 "(김정은이) 나와 악수할 때 험악한 얼굴로 노려봤다. '이 녀석은 증오스러운 일본 사람'이라고 생각하는 듯한 왕자의 눈빛을 지금도 잊을 수 없다"고 회상했다. 또 "그의 성격은 이악하고(악착같고) 고집이 세다"고 언급했다. 북한 당국자들이 "장군님은 판단을 정확하게, 결심은 단호하게, 타격은 무자비하게 하는 스타일"이라고 언급하는 것과 김정은의 언행이 유사하며 정치적 야심과 강단을 소유한 인물이란 평이다.

후지모토에 따르면 김정철과 김정은 모두 농구를 좋아해 농구팀을 이끌고 경기를 하는 경우가 많았다. 그런데 경기를 이끌어가는 상황에서도 두 사람의 성격차는 확연했다. 경기에서 지면 김정철은 "수고했다"고 하고는 곧바로 자리를 떠나는 반면에 김정은은 승부욕이 강해 패배 원인을 조목조목 따지는 이른바 '총화시간'을 가졌다는 것이다. 후지모토는 "김정일은 고영희를 매우 신뢰해, 고영희는 아이들을 데리고 유럽이나 도쿄 디즈니랜드에 갔다 온 적도 있다"고 털어놨다.

후지모토의 이런 언급에 대해 당시 한국과 일본의 북한 전문가들은 호기심을 보이면서도 크게 신빙성을 두지는 않았다. 둘째 아들을 제쳐둔 채 19살 밖에 되지 않은 막내를 후계자로 삼기에는 부담일 것이란 판단에서였다. 하지만 후지모토가 전한 권력내부의 다른 은밀한 이야기들이 너무 구체적인데다 대북담당 정보기관들이 파악한 내용과 일치하는 대목이 적지 않다는 점에서 '무시해버리기에는 찜찜하다'는 식의 분위기도 있었다.

김정은 생모와 심수봉 노래 함께 듣던 김정일

후지모토는 자신의 책에서 "1992년의 김정일 낙마설은 사실이다. 사고가 난 날 김정일 위원장, 부인 고영희, 나, 김정일의 아들 순으로 달렸는데 커브 지점에 김 위원장의 말이서 있었다. 떨어진 김정일은 정신을 잃은 상태였다. 머리와 어깨를 심하게 다친 그는 꼼짝도 안 했다. 열흘 뒤 식사 때 나온 김정일은 팔에 깁스를 했고 선글라스를 벗으니 오른쪽 눈이 시커멓게 멍들어 있었다"고 증언했다. 김정일의 낙마설과 관련해 이런저런 루머와 추측성 보도가 있었지만 후지모토의 언급은 우리 정보당국이 비공개리에 확인한 내용과 일치하는 내용이었다. 2000년 남북정상회담과 이후 우리 측 고위인사의 김정일 면담 때는 불문율이 있었다. 김정일의 왼쪽 팔을 쳐다보지 말라는 것이었다. 낙마 때 부상으로 인해 김정일은 심한 흉터가 날 정도로 부상을 입었다. 김정일이 당 간부 등이 이를 쳐다보는 걸 매우 싫어한다는 점을 파악한 우리 정보당국은 사전조치를 취했다. 김정일과 독대한 경험이 있는 정부 당국의 최고위급 당국자는 "김정일 면담을 앞두고 국가정보원 관계자로부터 유의해야 할 사항을 귀띔 받았다"며 "그 가운데 김정일의 팔을 쳐다보지 말라는 당부를 받았던 게 가장 인상에 남는다"고 말했다.

후지모토는 "내가 초밥을 만들 때 김정일이 매제인 장성택 중앙위원회 제1부부장(당시직책)과 의견 차이가 있었는지 냅킨통을 냅다 던진 일도 있었다"고 소개했다. 핵무기 등 민감한 사안도 거론했다. 후지모토는 "김 위원장은 핵무기에 집착했다. 1989년에 내게 '핵무기를 안 가지면 다른 나라가 치고 들어온다'는 말도 했다. 95년 12월 30일 중앙당 선전비서 김기남이 '핵 시설에서 일하고 있는 사람들의 이와 머리카락이 빠지는 등 방사능 피폭(被爆) 증세가 나타나고 있습니다'라고 하는 보고를 옆에서 들었다"고 주장했다. 또 "87년 대한항공 폭발 사건 때 평양 한 호텔의 철판요리 코너를 찾은 김정일은 요리사였던 내게 '우리가 했다고 생각하느냐'고 물었다"고 소개했다. 김정일의 비밀 댄스파티에 불려가 요리를 했던 후지모토는 베일에 싸여있던 은밀한 현장의 이야기도 담았다. 신천초대소 연회장에서 파티를 하던 어느 날 김정일이 갑자기 디스코를 추고 있던 기쁨조 다섯 명에게 "옷을 벗으라"고 지시했고, 속옷까지 다 벗으라는 지시에 따라 기쁨조들은 발가벗고 춤을 췄다는 것이다. 김정일은 간부들에게 "너희들도 같이 춤을 추라. 그러나 만지진 마라. 그러면 도둑놈"이라고 했다고 후지모토는 증언했다.

김정일의 경호문제 등 최측근이 아니면 알 수 없는 내용도 공개했다. 그는 "김 위원장은 94년부터 미국 정찰 위성에 포착되지 않게 항상 늦은 밤이나 새벽에 움직였다. 늘 벤츠 10대 행렬의 선두에서 달렸다"고 말했다. 심지어 후지모토는 김정은의 어머니인 고영희가 자신에게 "김정일과의 연애시절 둘이 자동차 속에서 심수봉의 〈그때 그 사람〉 같은 한국 노래를 밤새 들었다"고 털어놓은 점도 공개해 주변사람들을 놀라게 했다.

──────── 로열패밀리 정보 누설한 후지모토

사실 후지모토 겐지는 평범한 도쿄의 초밥 요리사였다.

하지만 1982년 북한으로 건너가면서 그는 '팔자를 고친 사람'으로 불리게 된다. 그는 월급으로 50만 엔 정도를 받았고 김정일의 각별한 배려 속에 초호화판 생활을 즐길 수 있었다. 그의 책에는 모터보트를 즐기고 여러 대의 자가용 벤츠를 타고 있는 북한에서의 사진이 잔뜩 실려 있다.

후지모토가 평양에서 '일급요리사'로 변신하게 된 것은 철저하게 김정일의 미각에 맞춘 특별요리를 준비할 수 있었기 때문이다. 메기 요리 광인 김정일이 "일본 메기 요리를 보고 오라"는 지시를 내리자 후지모토는 일본에 한 곳밖에 없는 도쿄 신오쿠보의 메기 요리집에 가서 요리 장면을 8㎜ 비디오로 찍어왔다. 북한에 돌아가기 전날 메기 20㎏을 얼음에 담아 갔다. 바로 다음날 평양 8번 연회장 철판구이 코너에서 '메기 샤브샤브'를 내놓자 김정일은 "맛있다"를 연발하며 즐겼다. 김정일은 그 후에도 요리사 4~5명을 신오쿠보의 식당에 연수 보냈다고 한다.

후지모토에 따르면 "요리는 첫째가 모양, 둘째가 향기, 셋째가 맛"이라는 게 김정일의 지론이다. 그의 식탁엔 언제나 최소 20~30개의 요리가 올라갔다. 복날에는 꼭 개고기를 즐겼다. 기름지고 진한 맛을 좋아하는 편으로 주로 중국 요리를 찾았다. 특히 상어지느러미 요리는 가장 좋아하는 음식 중 하나로 많을 땐 일주일에 세 번이나 챙겨야 했다고 한다. 후지모토는 "밥을 짓기 전 조리사와 웨이터가 늘 쌀을 한 톨, 한 톨 검사해 모양이 이상하거나 크기가 작은 것은 모두 **빼냈다**"며 김정일 주방의 감춰진 비밀을 들춰냈다.

후지모토는 한때 일본으로 돌아와 정착하려 했지만 월급이 30만 엔으로 줄어든데다 대접도 평양 같지 않자 다시 북한을 찾았다. 그러나 중국방문길에 일본 경시청 외사 수사관에게 건 전화가 북한 당국에 의해 도청돼 간첩 혐의를 받게 될 것을 우려해 2001년 북한을 탈출했다.

국제전화 감청으로 '결정적 힌트' 얻은 국정원

2007년 3월 당시 김만복 국정원장의 언급은 김정은을 부자세습 시 유일한 대안으로 자리하게 했다. 김 원장은 대북문제 담당 기자들을 서울 내곡동 국정원 청사로 불러 오찬 간담회를 하는 자리에서 "김정일의 셋째 아들이 후계자가 될 가능성이 크다"고 언급했다. 익명을 요구한 정보당국의 관계자는 "당시 노무현 정부의 정보라인은 대북 감청을 통해 북한의 후계구도와 관련한 결정적인 힌트를 얻어냈다"고 귀띔했다. 하지만 당시 관련 정보는 노 대통령에게만 보고된 채 극비에 부쳐졌고 국정원의 최고위급 간부 사이에서도 유출되지 않도록 보안에 신경 쓰는 상황이었다는 전언이다. 2007년 봄에 나돌았던 김정일 건강이상설도 이 과정에서 불거졌다고 한다. 당시 유럽지역으로 해외여행 중이던 김정은과 평양의 김정일 간 통화내용을 서방 정보기관이 감청해 제공했는데 김정은이 "아버님, 건강을 각별히 챙기셔야 합니다"라고 말한 것을 두고

'김정일의 건강에 뭔가 이상이 있다는 징후 아니냐'는 관측이 나왔고 이어 '김정일 건강이상' 소문으로 퍼졌다는 것이다. 정보당국이 이미 김정은을 북한 권력 구도와 관련한 핵심 인물로 추적하고 있었음을 보여주는 사례다.

하지만 김정은은 장남인 김정남보다 12살이나 어린 나이 때문에 후계자로서 자리하기 어렵다는 회의적 진단도 나왔다. 김정일이 40세 때 얻은 늦둥이라 원만한 바통터치를 하기에 문제가 있다는 지적이었다. 하지만 일각에서는 "김정철과 김정은의 나이 차이가 2살인데 그런 논리라면 김정철도 어렵다는 얘기가 될 수 있다"며 반론이 제기되기도 했다.

"90세까지 활동" 자신만만했던 김정일

"동무들, 내가 팔구십까지는 일선에서 활동할 수 있지 않겠소. 난 자신 있어. 자신 있고 말고."

2006년 10월 중순 즈음 김정일은 자신의 집무실에 모인 당·정·군 고위간부들에게 이렇게 공언했다. 며칠 전 첫 핵실험 감행으로 한반도에 조성된 극도의 위기감 속에서도 김정일은 자신의 통치능력에 대한 자신감을 드러낸 것이다. 한 해 전 12월 아들을 비롯한 가족과 최측근들에게 "혁명의 후계문제와 관련한 논의를 모두 중단하라" 지시한 것도 이런 든든한 믿음이 배경이었다. 대북 정보망을 통해 김정일의 언급내용을 입수한 국가정보원과 미 중앙정보국(CIA)은 김정일 체제가 상당기간 지속될 것이란 보고서를 작성했다. 당시 이 정보에 접근했던 고위 관계자는 "김정일은 정말 자신의 건강과 리더십을 자신하고 있는 분위기였던 것으로 정보 판단이 이뤄졌다"고 귀띔했다.

하지만 불과 2년여 만에 사정은 완전히 달라졌다. 2008년 8월 중순 '순환기 계통의 이상'으로 쓰러진 것으로 국가정보원이 확인한 김정일의 건강문제 때문이다. 김정일의 건강이상은 후계와 관련해 평양 권력 내부에 긴박한 움직임을 촉발했다. 이런 북한의 내부 상황은 서방 정보기관과 언론의 주목을 받았다. 한국과 미국은 물론 북한 정세에 관심이 있는 관련국 정보요원들이 베이징을 중심으로 정보 각축전을 벌였다. 이처럼 정보기관들이 중국에 몰려든 것은 중국이 알짜 정보를 챙기고 있을 것이란 판단에서였다. 북한은 김정일의 건강 상태와 관련된 정보가 외부로 새 나가지 않도록 극비에 부친 채 철저히 관리해 왔다. "김정일이 중국을 방문할 때 북한 경호요원들은 배설물까지 철저히 수거해 갈 정도로 건강정보 노출을 꺼렸다"는 게 대북정보 핵심 관계자의 얘기다. 하지만 2008년 급작스런 건강이상으로 사정이 완전히 달라졌다. 무엇보다 급작스러운 발병에 대처하기 위해 북한은 중국 의료진의 긴급한 도움을 받아야 했다. 국가정보원도 "김 위원장의 병실을 중국 의료진이 지키고 있다"고 사태 직후 국회 정보위에 보고한 바 있다.

서방 정보요원들뿐 아니라 일본 TV 방송 등이 이들 의료진과 접촉을 시도한 것으로 전해지고 있다. 실제로 후지TV는 10월

29일 "김 위원장을 수술하기 위해 프랑스의 뇌 신경 전문의가 27일 베이징 서우두 국제공항에서 오후 1시 40분에 출발하는 에어차이나항공기를 타고 평양으로 들어갔다"고 보도했다. 보도에 따르면 이 의사는 파리 생탄병원 신경의학과장인 프랑수아 자비에 루인 것으로 밝혀졌다. 후지TV는 "프랑스 의사의 평양행은 김정일의 장남 김정남의 요청에 의해 이뤄졌다."고 보도했다.

군 퍼레이드 불참으로 확인된 김정일 유고

북한 당국은 국방위원장 김정일의 유고사태 이후 그의 '건재'를 과시하기 위한 필사적인 노력을 기울였다. 그의 유고가 주민들에게 알려질 경우 체제동요가 일어날 수 있고 자칫 군부나 지도부 내부에서 권력 투쟁이 벌어질 수 있는 상황이었다. 첫 고비는 김정일이 쓰러진 지 한 달도 지나지 않아 닥친 북한정권 수립 60주년 기념일인 9·9절 기념 군사 퍼레이드였다. 북한군 최고사령관을 겸직하고 있는 김정일의 열병식 참석은 필수였다. 김정일은 2000년대 들어 열렸던 열병식에는 빠지지 않고 참석해 왔다는 점에서 그의 불참은 유고사태임을 대내외에 공개하는 것과 마찬가지였다. 북한은 이른바 '꺾어지는 해(5, 10년 단위)'에 성대한 행사를 연다. 정권 수립 60주년을 기념해 수개월 전부터 군과 주민들을 대대적으로 동원해 열병식 등 기념행사를 준비해 온 상황이었다. 한·미 정보당국은 평양 근교 미림비행장에서 행사 동원용으로 미리 준비된 240㎜ 방사포와 105㎜ 고사포를 비롯한 군사장비를 고고도 유인 정찰기인 U-2기와 K-12 키홀 첩보위성 등으로 포착했다. 9일 오전에도 열병식에 동원될 군 병력이 미림비행장에 집결해 있던 모습을 정보당국이 대북 감시망을 통해 확인한 상태였다. 하지만 김정일이 결국 불참하면서 그의 건강이상설은 급격히 확산됐고 기정사실로 굳어졌다. 정보당국은 북한이 김정일을 끝까지 참석시키기 위해 열병식 시간을 오후로 늦추며 안간힘을 쓴 것으로 대북 감청 등을 통해 파악해 냈다. 북한은 예정대로 진행이 어려워지자 한국의 민방위대에 해당하는 비정규군 조직인 노농적위대 등을 위주로 열병식을 진행했다. 당초 예정보다 훨씬 지연돼 오후 늦게 치러진 것이다. 정권 수립 60주년에 맞춰 여름부터 강도 높은 연습을 해온 북한군은 김정일이 끝내 행사장에 나타나지 않자 모두 철수해 모두 소속 부대로 귀대한 것으로 파악됐다. 김정일의 이같은 이상동향은 9일 밤 늦게 TV에 나와 '대통령과의 대화' 행사를 마친 이명박 대통령에게 상세히 보고됐다.

────── "장군님 아주 자나?"

한국 정부는 김정일이 쓰러진 직후부터 국가정보원 등을 중심으로 후계문제에 대한 재평가 작업을 심도 있게 벌였다. 향후 김정일의 통치 가능시기와 평양의 권력승계에 대한 시나리오 검토도 마쳤다. 캐비닛에 들어있던 김정은을 비롯한 북한 후계자 후보군의 인물파일에 대한 검토가 속속 진행됐다. 당시 국정원은 한기범 3차장(대북담당)을 중심으로 북한실과 대북전략국 요원, 그리고 박사급 전문가 등이 포함된 테스크포스(TF)를 긴급 가동했다. 김정일 와병 이후 북한 체제의 동향에 대한 진단을 위해서였다. 김정일이 이미 사망했을 가능성도 염두에 둔 매우 심각한 논의였다. 건강이상으로 쓰러진 것으로 파악된 김정일의 병세와 관련해 북한 권력 핵심부가 철저하게 보안을 지키자 최악의 상황까지 가정한 논의를 벌인 것이다. 당시 사정에 밝은 핵심 관계자는 "김정일의 건강에 이상이 생겼다는 것을 확인한 직후 대북정보망에는 실제로 그가 사망했을 수 있다고 판단할 만한 첩보도 포착돼 정보기관을 긴장시켰다"고 말했다. 한·미 당국의 감청망에 김정일의 병실과 외부를 오간 통화내용이 잡혔는데 여기에 매우 흥미로운 내용이 담겨 있었다는 것이다. 이에 따르면 김정일 병실을 지키는 부관으로 보이는 인물에게 외부에서 전화를 건 한 고위인사는 나지막한 목소리로 "장군님 자나?"라고 물었다. 군관이 당황해하며 머뭇거리자 고위인사는 이번에는 "장군님 아주 자나?"라고 답을 재촉한다. 그러자 군관은 "그건 아닙네다"라고 짤막하게 답했다. 정보당국은 김정일의 병세 체크를 시도할 수 있는 파워있는 인사가 "아주 자나?"라고 말한 대목을 근거로 김정일의 병세가 사망에 이를 수 있을 정도로 한때 위중했던 것으로 판단 내렸다는 얘기다.

김정일이 쓰러진지 약 한 달 뒤인 9월 10일 열린 국회 정보위는 병세에 대한 파악이 중점적으로 다뤄졌다. 이 자리에서 국정원은 김정일이 뇌졸중으로 수술을 받은 것으로 보고한 것으로 알려졌다. 비공개 회의 보고내용을 국회 정보위원들이 디브리핑 형태로 기자들에게 전하거나 직접 방송출연 등을 통해 소개한데 따른 것이다. 수술문제까지 갈 정도로 상황이 심각하다는 관측이 번졌다. 국정원은 이에 대해 추가적인 확인을 하지도 않았고 부인도 없었다. 김 원장의 발언내용이 정확하게 전달되지 않았다는 점에 대해 유감스러워하면서도 "비공개 보고내용에 대해 정보기관이 사실관계를 구체적으로 언급하는 것은 바람직하지 않다"는 입장을 고수한 것이다.

하지만 김성호 국정원장은 정보위에서 김정일의 수술문제를 직접 언급한 적이 없는 것으로 드러났다. 국정원 핵심 관계자는 당시 상황과 관련해 "김성호 원장은 김정일이 순환기 계통의 이상으로 쓰러졌다는 첩보가 있다는 점과 '현재 회복 중'이란 언급을 한 것"이라고 말했다. 수술 등의 이야기는 없었고 언론 보도나 소문을 거론해가며 정보위원들이 질문을 하는 과정에서 수술 얘기가 나온 것일 뿐이란 얘기다.

한때 "양치질은 할 수 있을 정도"라는 정부 고위당국자의 언급 때문에 김정일이 거동이 불편한 심각한 상황에 빠졌다는 관측도 나왔지만 사실에 근거하지 않은 추정성 발언인 것으로 드러났다. 김정일의 치료를 위해 2008년 10월 방북했던 것으로 파악된 프랑스 신경외과 전문의 프랑수아 자비에르 루도 같은 해 12월 11일자 르 피가로지와의 인터뷰에서 "김정일 위원장이 뇌출혈 피해를 입었지만 수술은 받지 않았으며 상태가 호전되는 중"이란 입장을 밝혔다.

_____ 무너진 김정일의 금연결심

김정일의 건강은 2008년 여름 뇌졸중으로 쓰러지기 전까지는 별 문제가 없는 것으로 파악됐었다. 2007년 노무현 당시 대통령과의 2차 남북 정상회담 개최가 발표되자 일부 전문가들은 '북한이 김정일의 건재를 과시하기 위해 회담을 수용했다'는 분석을 내놓았다. 당시 국내외 언론에는 김정일 건강이상설이 심심찮게 보도되던 때였다. 2000년 1차 남북 정상회담 때 58세의 건강한 모습으로 당시 74세의 김대중 대통령을 상대한 김정일은 2차 정상회담에서는 자신보다 네 살 아래인 노무현 대통령과 회담했다. 2차 정상회담 당시 김정일의 건강에 대해 우리 정보당국은 다소 문제되는 부분이 있지만 의료진의 철저한 관리를 받고 있다는 점에서 큰 이상은 없다는 판단을 내렸다. 94년 7월 8일 새벽 심근경색으로 급사한 김일성처럼 유전적인 심장병·당뇨를 앓고 있지만 철저한 관리와 식이요법으로 일상에 지장을 줄 정도는 아니라는 것이다.

김정일 자신이 직접 건강이상과 관련한 이런저런 관측에 대해 입장을 밝힌 적도 있다. 그는 정상회담 오찬에서 노무현 대통령에게 "남측에서 마치 (내가) 당뇨병에 심장병까지 있는 것처럼 보도하는데 사실은 전혀 그렇지 않다"고 말했다. 정상회담이 개최된 2007년의 김정일 건강이상설은 독일 의사들이 극비리에 평양을 방문한 게 서방 정보당국에 포착되면서 불거졌다. 김정일이 이들을 왕진시켜 심장수술(bypass·대체혈관수술)을 받았다는 내용이었다. 이에 대해 당시 김만복 국정원장은 국회에서 "보리스 옐친 전 러시아 대통령의 심장수술을 담당한 독일 의료진 7~8명이 북한을 방문했지만 단순한 스텐트 삽입술(금속망으로 혈관을 넓혀주는 시술)을 했거나, 심장검사를 한 정도로 보인다"고 말했다. 독일 베를린 심장센터 의사들은 2007년 5월 12일부터 19일까지 방북했다. 6월 11일 북한 언론은 이들이 북한 노동자들을 진료했다고 보도했다. 바이패스 수술을 받으면 1~2주 입원을 해야 하고 최소 한 달 이상의 요양이 필요하다. 하지만 김정일은 독일 의사들이 귀환한 이후 2주도 안 돼 공개활동에 나섰다. 팔놀림도 자유로웠다. 독일 의사들의 방북 직전인 4월 25일 북한군 창건 75주년 열병식 사진을 분석한 결과 김정일은 목주름이 심해졌고 탈모가 진행됐으며, 얼굴이 수척해졌다는 진단이 나왔다. 당뇨가 심해진 때문이란 분석도 제시됐다. 김만복 국정원장은 복장이나 사진 촬영 각도에 따라 배가 들어가 보일 수 있고 머리숱도 조명에 따라 많이 빠진 것처럼 비치지만 건강이 나빠진 것 같지는 않다고 분석했다.

한때 양주를 비롯한 독주를 위주로 해서 폭음하는 것으로 알려진 김정일은 담배를 끊고 술도 절제했다. 2000년 김정일을 인터뷰한 친북 성향의 재미 언론인 문명자는 김정일로부터 담배를 끊었다는 말을 들었다고 했다. 김정일은 50대가 되서는 포도주를 하루에 반 병 정도 마셨다고 한다. 2001년 여름 3주간 그의 러시아 열차 여행에 동승한 콘스탄틴 폴리코프스키 러시아 연방 극동지구 전권대사의 증언이다. 건강이상이 생긴 뒤 외부 인사로는 처음 김정일을 면담한 왕자루이 중국 공산당 대외연락부장은 2009년 1월 평양 체류 기간 중 김정일과 식사를 함께했다. 당시 정황을 파악하고 있는 외교 소식통들은 상당히 도수가 높은 북한산 술을 오랜 시간 마셨으나 김정일이 명확히 자신의 의사를 표시하는 등 특별히 건강에 이상이 없다는 느낌을 받은 것으로 전하고 있다.

젊은 시절 던힐 담배를 즐기던 김정일은 2001년 중국방문 때 건강을 생각해 담배를 끊었다고 밝힌 바 있다. 그의 금연에 맞춰 북한 전역에 담배 안 피우기 열풍이 불고 이를 위한 선전·선동이 관영매체에 등장했다. 김정일이 직접 '담배는 심장을 겨눈 총과 같다'는 구호를 내세워줬다며 북한 언론들은 흡연의 폐해를 강조했다. 평양에서 발행되는 신문 민주조선은 99년 11월 20일자에서 김정일이 "담배를 삼가는 것이 좋을 것이다. 흡연은 명백히 건강에 해롭다"라고 말한 것으로 보도했다. 또 영국의 주간지 이코노미스트는 2007년 2월 3일자에서 김정일이 흡연자·음치·컴맹을 '21세기 3대 바보'로 꼽았다고 전해 관심을 끌기도 했다.

하지만 금연을 한 것으로 알려졌던 김정일이 다시 담배를 꺼내 문 사진이 공개되면서 화제가 됐다. 관영 조선중앙통신은 2009년 2월 25일 함경북도 회령시를 두루 시찰하는 김정일 사진을 무려 132장이나 무더기로 전송했다. 그 가운데는 김정일이 회령대성담배공장에서 연기를 내뿜으며 담배를 피우는 사진 2장과 한 개비를 오른손에 쥔 사진 한장이 포함됐다. 이런 사진이 공개된 시점이 뇌졸중 발병 8개월 후라는 점에서 그의 흡연을 둘러싸고 다각적인 관측이 나왔다. 공개된 흡연 사진은 김정일이 다시 흡연을 하고 있는 게 아니라 담배공장에서 생산된 담배 맛을 '시험'하는 모습일 뿐이란 주장이 그 중 하나다. 김정일이 건강이상에 대한 외부 세계의 이런저런 우려를 불식시키려 일부러 담배를 꺼내 무는 교묘한 선전술을 보인 것이란 분석도 있다. 다른 편에서는 실제 김정일이 이런저런 스트레스 상황에서 흡연을 시작했고 의료진 뿐 아니라 측근들이 이를 막지 못하고 있는 것 아니냐는 관측도 제기했다.

김정일 "내 자식에 맡기고 싶지 않다"

김정일의 건강이 어떤 상태인가와 관계없이 이미 고령에 접어든 나이는 김정은으로의 권력승계에 불안요소로 작용하고 있다. 김정일의 자연수명 문제가 북한체제에 어떤 형태로든 변화를 불러올 것이란 분석에는 당국자와 전문가 상당수가 견해를 같이한다. 뇌졸중을 일시적으로 극복했다 해도 다시 한 번 닥칠 경우 절대 권력자도 한 방에 무너져 내릴 수밖에 없다는 판단에서다. 한때 건강을 자신했던 김정일도 94년 7월 아버지 김일성의 사망으로 권력을 완전히 넘겨받은 지 십수 년 만에 후사를 서둘러 챙겨야 하는 상황에 직면한 것이다. 후계체제를 축으로 한 북한 권력 내 파워게임과 남북관계와 한반도 정세의 지각변동에 김정일의 건재여부가 매우 중대한 요인이 될 것이란 전망이 제기되는 것도 이런 배경에서다.

김정일 스스로 부자세습에 대해 다소 회의적 언급을 했다는 전언은 흥미를 끌었다. 정보당국은 김정일이 지난 2002년 8월 콘스탄틴 풀리코프스키 러시아 극동 연방지구 대통령 전권대리인의 초청으로 러시아를 방문하는 과정에서 평양의 권력후계체제 문제와 관련해 언급한 중요 첩보를 입수했다. 김정일이 "내 자식한테는 나처럼 어려운 일을 맡기고 싶지 않다"고 말한 내용이었다. 정세현 전 통일부장관도 2004년 12월 접촉했던 베이징의 북한 고위 관료로부터 들은 내용이라며 "김정일이 '내 대(代)에서 그게(부자세습) 가능하겠나'라고 털어놓았다고 한다"고 전했다.

2000년 6월 남북정상회담 때도 김정일은 부자세습에 대해 다소 회의적인 뉘앙스로 읽혀지는 언급을 남측 관계자들에게 했다고 한다. 당시 수행원으로 참석했던 정부 고위 당국자는 "김정일이 태국 등의 군주제에 관심을 보이는 언급을 남측 참석자들에게 했다"고 말했다. 그러나 북한 전문가들은 이런 정보에 대해 김정일의 말과 그 속에 담긴 진의가 반드시 일치한다고 보기는 어렵다는 입장을 개진한다. 자신이 북한체제를 이끌어 가는 게 매우 힘들다는 점을 외부에 토로하거나 부자승계에 대한 중국·러시아 등 관련국의 분위기를 떠보려는 말일 수 있다는 측면에서다. 정보당국은 김정일의 입에서 부자승계를 자기 대에서 끊을 듯한 언급이 있었다는 설이 흘러나오고 있지만 결국 부자세습이 종착역일 것으로 판단내렸다고 한다.

―――― "내가 못하면 대를 이어 계속혁명"

이런 관측을 입증하듯 북한 관영매체는 김정일의 건강 이상 이전부터 부자세습에 대한 강한 메시지를 흘렸다. 2005년 1월 27일자 중앙방송의 정론은 대표적이다. 이 글은 "수령님(김일성)께서 생전에 과업을 다하지 못하면 대를 이어 아들이 하고, 아들이 못한다면 손자 대에 가서라도 기어이 수행하고 말 것이라고 힘주어 말씀하시었다"고 강조했다. 특히 "몇 해 전 경애하는 장군님(김정일)께서 일꾼(통상 노동당 고위간부를 지칭함)들에게 '나는 어버이 수령님의 유훈을 받들 것'이라고 말씀하시었으며 이는 내가 가다 못 가면 대를 이어서라도 끝까지 가려는 계속혁명의 사상이었다"고 전했다. 북한이 과거에도 이른바 '계속혁명론'을 통해 권력승계 문제를 시사한 적이 있지만 이 정론의 경우처럼 3대 세습의 필요성을 분명하고도 공개적으로 언급한 것은 이례적이란 평가가 나왔다.

김정일이 건강이상으로 쓰러진 직후에도 김일성 가계에 의한 이른바 '혁명의 계승'을 주장하는 보도가 이어졌다. 2008년 9월 8일자 노동신문은 북한 정권수립 60주년을 맞아 "조선의 태양은 언제나 백두에서 왔고, 백두의 핏줄기는 김일성 민족의 영원한 생명선"이라고 강조했다. 이를 둘러싸고도 후계문제가 '백두의 혁명전통'에 따라 핏줄(아들)에서 나올 것임을 시사한 것이란 관측이 나왔다. 중앙방송의 정론은 북한 내부에서 이미 부자세습을 위한 권력승계의 구체적인 밑그림이 그려졌음을 보여준 것으로 평가됐다. '부자승계 회의론'으로 해석될 소지가 있는 김정일의 말과 달리 바람잡기식의 관영매체 보도가 잇달아 나온 것이다. 이를 두고 혁명 계승의 당위성만을 언급하던 차원에서 부자 세습을 위한 후계자 지명으로 무게 중심이 옮겨간 것 아니냐는 관측도 나왔다.

김일성과 김정일은 각각 자신의 후계자를 키우는 준비 과정에선 큰 차이가 난다. 김일성은 아들에게 권력을 넘겨주기 위해 치밀한 채비를 했다. 74년 김정일을 후계자로 공식지명하고 20년간 수업을 받을 수 있는 시간을 줬다. 김일성의 급작스러운 죽음에도 불구하고 권력 누수가 거의 없었다고 볼 수 있다. 북한은 김일성의 업적 중 하나로 "혁명의 후계 문제를 원만히 해결한 것"이라고 지금까지 거론할 정도다. 이에 반해 김정일은 후계 문제에 분명한 언급이나 준비작업이 없었다. 오히려 2005년 12월 후계자 논의를 금지하라는 지시를 내렸다. 그는 2008년 생사를 넘나드는 혹독한 건강이상을 겪은 이후에야 셋째 아들 김정은에게 눈을 돌렸다.

_____ '김정은 내정' 알린 북한군 대장의 조카며느리

김정일이 건강이상에서 다소 회복된 모습을 보이고 공석에 등장하는 횟수를 조금씩 늘려가던 2009년 1월 15일. 연합뉴스는 오후 4시 3분 "김정일이 3남 김정운(당시는 김정운으로 표기)을 후계자에 지명했다"는 소식을 타전했다. 김정일이 1월 8일께 노동당 조직지도부에 고영희에서 난 아들 김정은을 후계자로 결정했다는 교시를 하달했다는 내용이었다. 1월 8일은 김정은의 생일로 알려진 날이었다. 연합뉴스는 소식통을 인용해 이제강 노동당 조직지도부 제1부부장이 조직지도부의 과장급 이상 간부들을 긴급 소집해 김정일의 결정 사항을 전달했다고 전했다. 각 도당으로까지 후계관련 지시를 하달하고 있으며 고위층을 중심으로 후계자 결정에 관한 소식이 빠르게 확산되고 있다는 것이었다. 연합뉴스는 "정운이 후계 체제를 확실히 구축해 권력을 이어 받으면 북한은 세계 현대사 초유의 실권자 3대 세습국이 된다"고 설명했다. 연합뉴스

에 따르면 소식통은 "김 위원장의 후계자 낙점이 전격적으로 이뤄져 조직지도부 등 고위층에서도 상당히 놀라는 분위기"라며 "정운의 내정 사실을 아는 권력층에선 그에게 줄을 서는 상황이 급속히 형성되고 있어 이러한 분위기가 북한 사회 전반에 퍼져 나갈 것"이라고 말했다. 김정일의 후계자 결정에는 상당히 회복되기는 했으나 중반 뇌혈관 질환으로 쓰러진 김정일의 조바심이 결정적으로 작용한 것으로 보인다는 해석도 나왔다.

이 기사는 연합뉴스에서 북한 문제를 담당하고 있는 최선영·장용훈 기자의 공동작품이었다. 두 사람은 오래 전부터 북한의 중앙통신이나 노동신문 등 1차 소스를 분석해 보도해 왔다. 특히 최선영 기자는 북한 고위층 탈북자 출신이란 점 때문에 화제의 인물에 오르기도 했다. 최선영은 1996년 1월 잠비아 주재 북한 대사관 3등 서기관으로 근무하던 남편 현성일과 함께 한국으로 망명했다. 망명 후 국가안보전략연구소 박사로 재직 중인 현성일의 부친은 함남도당 책임비서를 지낸 현철규다. 숙부는 북한군의 핵심실세로 김정일의 군부대 방문 시 단골 수행하는 현철해 대장이

김정일의 현지지도를 수행 중인 현철해 대장 (오른쪽)

쓰러진 김정일, 우뚝 선 김정은

다. 김정일은 조카의 한국 망명에도 불구하고 현철해를 최측근으로 두고 충성심을 더욱 발휘토록 했다. 북한 최고위층 패밀리의 며느리이자 인민군 대장의 조카며느리란 배경 때문에 최선영은 평양 권력 내부의 사정에 정통한 것으로 평가받아왔다. 김일성종합대를 나온 최선영은 망명 후 기자활동을 시작하면서 본명 최수봉에서 이름을 바꿨다.

이들이 쓴 '김정은 후계내정' 기사는 당장 큰 반향을 불러일으키지는 못했다. 정부 당국이 사실관계가 확인되지 않는다며 유보적인 입장을 취한데다 전문가들도 후계구도의 복잡한 성격을 지적하면 신중한 접근을 주문하고 나선 때문이다. 연합뉴스의 기사처럼 실제 1월 8일 즈음 김정일이 이런 교시를 노동당 조직지도부에 하달했고 이런 내용들이 확산됐는지에 대해서는 확인되지 않았다. 평양 권력의 내밀한 이야기까지 즉각 확인한다는 건 쉽지 않다는 점에서다. 사실이라 해도 김정은 후계자 내정 사실의 구체적인 전파 과정이 드러난다는 것은 북한 체제의 특성상 불가능에 가까운 일이었다. 하지만 이 기사를 기점으로 북한 후계구도가 김정은으로 기우는 듯한 분위기가 점차 굳어져 간 것은 부인할 수 없는 사실이다.

후계 낙점받은 막내의 비결

　　　한때 "세습을 하면 국제사회의 웃음거리가 된다"며 3대 부자승계를 꺼리는 모습을 보이던 김정일이 후계결정을 서두르게 된 것은 건강문제가 크게 작용한 것으로 볼 수 있다. 후계자 조기 간택에 따른 권력누수 등의 걱정이 없을 수 없겠지만 어쩔 수 없는 선택이란 얘기다. 김정일이 김정은을 후계자로 내정한 데는 매제이자 노동당 행정부장을 맡고 있던 장성택의 건의가 있었던 것으로 파악되고 있다. 장성택은 김정일의 건강이상 이후 부인인 김경희 노동당 부장과 함께 대리통치를 맡았다. 이때 장성택은 유사시 최고지도자의 유고에 대비한 후계체제 구축 움직임을 주도했다고 한다. 여기에 김정일의 부인 역할을 하면서 병상을 지켰던 김옥까지 의기투합해 김정은 후계낙점을 이끌어 냈다는 것이다. 장성택은 김정일의 장남 김정남과도 각별한 사이인 것으로 알려져 왔다. 김정남이 해외체류 중 문제가 있으면 장성택에게 수시로 전화해 '고모부'라 부르며 어려움을 토로한 정황이 한국의 대북 정보망에 포착되기도 했다. 장성택은 김정남의 중국 체류 비용이나 마카오의 카지노 자금 등을 불편함이 없도록 챙겨주었다는 후문이다. 김정은의 생모인 고영희는 생전에 자신의 친아들인 김정철과 김정은 중 한명을 후계자로 내세우는 데 최대 걸림돌을 장남 김정남으로 봤다. 일각에서는 김정남을 가까이에서 보살피던 장성택을 김옥이 극도로 견제했다는 주장을 내놓지만 두 사람 사이가 원만한 편이라는 평가도 있다. 장성택이 김정남이 아닌 김정은을 추천해 후계자 내정을 받을 수 있도록 한 것은 성격이나 외모 등의 측면에서 김정일을 쏙 빼닮은 점 때문에 승인받기 쉽다는 점이 고려됐다는 관측이다. 정보 관계자는 "수십

년 동안 처남인 김정일을 지켜봐온 장성택의 입장에서는 김정일이 가장 선호할 카드가 무엇인지 잘 알고 있었고, 김정은을 최우선 순위로 올렸을 것"이라고 말했다. 이런 관측들은 3차 노동당 대표자회에서 공개된 김정은의 모습을 본 많은 사람들에 의해 설득력 있는 것으로 받아들여졌다. 김정은이 아버지 김정일은 물론 할아버지인 김일성의 모습을 너무 쏙 빼닮았다는 걸 눈으로 확인할 수 있었기 때문이다. 김정일도 건강에 대한 자신감을 상실한데다 체제유지를 위한 후계자 내정작업에 불안감까지 닥치자 결정을 서두른 것으로 보인다. 자칫 어물쩍거리다가는 정권 자체가 붕괴될 수 있다는 절박감에서 결국 부자세습이란 선택을 했다는 진단이다.

노동신문이 '25세 나이' 강조한 속사정

김정일의 '후계 교시' 보도에서 볼 수 있듯 2009년은 벽두부터 북한 후계문제와 관련해 그 어느 때보다도 높은 관심이 촉발됐다. 북한 노동신문에는 부자세습 형태의 후계구도를 암시하는 표현들이 속속 등장하기 시작했다. 이 중에서도 특별히 주목받은 것은 '해와 별'이란 표현이다. 1월 12일자와 3월 14일 발간된 노동신문 '정론'은 "해와 별 빛나는 조선의 앞날"과 "해와 별 찬란히 빛나는 우리 혁명의 수뇌부"란 구절을 등장시켰다. 북한에서 해와 별은 김일성·김정일 부자를 지칭하는 것으로 간주된다. 김일성을 생전에 '주체의 태양'

등으로 찬양하던 북한은 그가 죽자 생일인 4월 15일을 아예 '태양절'로 부르게 했다. 김정일은 '광명성', '향도성' 등 별로 지칭되다가 김일성이 죽은 뒤 '선군 태양' 등으로 승격된 표현으로 찬양되고 있다. '해와 별'이란 표현을 동원한 노동신문 정론은 김정일 찬양선전 전담 논설원인 송미란이 쓰는 경우가 많다. 송미란은 미 국가정보국장실(ODNI) 산하 공개정보 자료실인 오픈소스센터가 후계 전문 작가(succession writer)라고 부를 정도다. 그는 2008년 11월 6일자 정론 '강선의 불길'에서 "혁명 위업을 계승하는 제3세, 4세들의 평균 나이가 25세"라는 표현을 등장시켜 북한 전문가들 사이에 논란을 촉발시켰다. 김정은의 당시 나이가 25세라고 주장하며 "이는 후계구도를 염두에 두고 쓴 글"이란 분석이 제기됐다. 특정 연령을 정론에서 강조한 것을 우연이라고 넘겨버리기 어렵다는 얘기다. 하지만 일부 북한 전문가들은 당시 일반 주민들은 물론 지도층도 김정은의 나이는 물론 이름조차 제대로 알고 있지 못한 상황이었다는 점을 거론하면서 북한 원전 텍스트에 대한 '과잉해석'이란 반박을 내놓았다. 김정은이 83년생이라 단정할 근거가 없고, '25세'라는 나이를 강조하는 것 자체가 별다른 메시지가 되기 어려웠다는 취지에서다.

SUCCESSOR KIM JONG-UN

4

마침내 쏘아 올려진
후계등극의 축포

_____ 국정원, '김정은 후계'를 알리다

2009년 6월 1일 오후 3시. 대북담당인 최종흡 국가정보원 3차장은 서울 내곡동 청사 집무실에서 전화에 매달리기 시작했다. 최고 정보기관의 차장이 직접 릴레이 통화를 위해 시간을 내는 건 드문 일이었다. 국회 정보위원회 소속 의원들에게 긴급히 대북관련 핵심 정보사항을 전달하기 위해서였다. 그는 정보위원들에게 일일이 전화를 걸어 "김정운(국정원은 당시 김정은이 아닌 김정운으로 호칭했다)이 김정일 국방위원장의 후계자로 내정된 사실을 북한이 각국 주재 해외 공관장에게 외교전문을 통해 하달했다. 후계자 옹립에 본격적으로 박차를 가할 것으로 보인다"고 전했다. 하달 시점은 2차 북핵실험이 벌어진 5월 25일 이후라는 내용이었다. 김정은의 후계지명 가능성은 여러 차례 추정차원에서 제기됐지만 국가 정보기관의 대북정보 최고 실무책임자가 국회 정보위원들에게 전달했다는 점에서 정부가 이를 공식 확인한 것으로 해석됐다. 무게가 실린 김정은 후계관련 정보가 처음 나온 것이다. 국정원의 이런 움직임은 매우 이례적인 것으로 받아들여졌다. 민감한 정보사항에 대해 특별한 질문이나 문제제기가 없었는데도 먼저 정보당국이 밝히고 나섰다는 점에서다. 국정원이 직접 고위간부의 전화를 통해 정보위원들에게 긴급전파한 배경이 뭐냐는 문제를 둘러싸고도 의문이 나왔다. 뭔가 정보기관이나 정부 쪽의 숨겨진 의도가 있는 게 아니냐는 의혹까지 야권 일각에서 제기됐다.

사실 김정은의 후계자 내정은 불과 2년여 전만 해도 국정원이 쉽게 예상하지 못했던 상황이었다. 2007년 2월 26일 김만복 당시 국정원장은 북한 후계체제와 관련해 "아직 아무런 징후가 없다"고 밝혔다. 서울 도렴동 외교통상부 청사에서 열린 '2007년도 재외공관장 회의'의 비공개 특강 자리에서였다. 김정일의 자신의 직위를 김정남·김정철·김정은 등 세 아들은 물론 다른 사람에게 계승하려는 움직임이나 우상화 작업이 전혀 포착되지 않고 있다는 게 그 시점 국정원의 판단이었다.

김정은의 첫 호칭은 '영명한 동지'

국정원이 2년여 만에 직접 김정은 후계 내정 사실을 확인하고 나섬에 따라 북한 후계문제는 초미의 관심사로 떠올랐다. 국정원의 '전화 통보' 며칠 뒤인 6월 8일 서울 용산의 국방부에서는 한국과 미국의 대북정보 핵심 관계자들이 참여하는 특별정보교류협의회가 비밀리에 열렸다. 국내 주재 미 정보요원들 외에 본토에서 중앙정보국(CIA)과 국방정보국(DIA)의 북한 담당 분석관들이 참석해 북한 체제 내부문제에 대한 각별한 관심을 반영했다. 한국 측은 국가정보원과 국방부 정보본부 대북 관련 베테랑 요원들이 참석했다. 이 자리에서 양 측은 김정일이 자신의 후계자로 지명된 김정은에게 '영명한 동지'라는 호칭을 부여한 사실을 확인했다. 정보 관계자는 "영명한 동지란 호칭은 김정은을 현명한 지도자로 우상화하겠다는 뜻"이라는 해석을 내놓았다. 김정일은 후계자 시절 '당(노동당을 지칭) 중앙'이란 표현으로 불렸다. 이날 한·미 협의회에서는 김정은 못지않게 김정일의 매제인 장성택 노동당 행정부장이 주목받았다. 김정일의 매제인 그를 국방위원에 임명한 것은 어린 후계자에 대한 군부 지지를 확보하기 위한 의도라는 정보분석이 제기됐다. 당시 회의에서는 장성택이 군부의 견제를 받고 있다는 민감한 정보도 다뤄졌다고 한다. 김정일이 오랜 친구인 오극렬 대장을 국방위 부위원장에 임명한 것도 유사시 군부를 의식한 것이란 분석도 나왔다.

김정은에 대한 '영명한 동지' 표현의 등장과 국정원의 후계통보 등의 분위기는 얼마 뒤 북한 내부에서도 생생하게 감지됐다. 8월 27일 평양 시내의 한 호텔의 식당을 찾았던 국내 대북지원 민간단체 관계자들은 김정은을 후계자로 찬양한 합창곡 〈발걸음〉을 직접 만날 수 있었다. 인명진 목사를 비롯한 우리민족서로돕기운동 관계자들이 식당 여성 봉사원들에게 〈발걸음〉 노래를 아느냐고 묻자 그들은 "안다"고 답했다. 남측 인사들의 요청이 있자 봉사원들은 주저 없이 "~발걸음 발걸음 힘차게 한번 구르면/온 나라 강산이 반기며 척척척"하고 노래를 불렀다. 하지만 남측 관계자가 김정은과 관련한 "후계 노래냐"고 질문을 던지자 "글쎄요"라고만 답했다고 한다. 또 후계문제와 관련해서는 "장군님(김정일)께서는 현재 굳건하시다. 이것이 우리의 공식 입장이다"라고 강조했다. 김정일이 절대적 지위를 갖고 통치활동을 하고 있는 상황에서 후계문제를 거론하는 걸 부담스러워 하는 북한 주민들의 심리가 읽혀지는 대목이다.

제왕학 열공중인 김정은

후계자 김정은과 관련한 진전된 정보의 공개는 한나라당 윤상현 의원에 의해 이뤄졌다. 국회 외교통상통일위 소속 위원인 윤 의원은 2009년 10월 초 통일부로부터 제공받은 자료 등을 토대로 "김정일 국방위원장의 후계자에 내정된 셋째 아들 김정은이 노동당 조직 관련 부서에 '부국장급'으로 근무하는 것으로 확인됐다"고 밝혔다. 정부 관계당국이 김정은의 후계 공식 데뷔가 이르면 2010년부터 북한이 강성대국 진입 시기로 공언한 2012년 사이에 이뤄질 것으로 분석하고 있다는 전언이었다.

윤 의원이 입수한 자료에 따르면 김정은은 1984년 출생해 김일성군사종합대학을 졸업했다. 당국은 '정식으로 통학하며 수업을 받은 것이 아니라 교수나 군부 인사를 불러 개별 교습을 받은 후 졸업한 것'으로 보고 있다는 내용이었다. 김일성군사종합대학은 고급장교 양성을 위한 북한 최고의 종합군사학교다. 김정은은 아버지인 김정일과 마찬가지로 실제로 정규군에서 복무한 경력은 파악되지 않고 있다. 아버지 김정일이 병역 '완전 면제자'이면서도 최고사령관과 국방위원장의 역할을 장기간 해온 데 대해 주민들 사이에서 곱지 않은 시선이 쏟아지고 있는 상황을 김정은도 대물림하는 것이란 비판이 제기되는 것도 이런 이유에서다. 김일성군사종합대학 과정을 거치게 한 것도 이런 문제를 희석하기 위한 후계자 준비과정의 일환인 것으로 전문가들은 보고 있다.

관계당국은 북한이 2009년 4월부터 김정은을 '친애하는 김 대장 동지'로 부르기 시작했으며 김정은 찬양 노래인 〈발걸음〉을 보급하라는 지시를 내린 것으로 파악했다. 또 '영명한 김정은 대장 동지'란 호칭과 함께 김정일이 1974년 후계자로 내정된 이후 사용했던 '친애하는'이란 수식어도 일부 쓰이기 시작한 것으로 드러났다. 이런 내용은 중앙일보 10월 6일자를 통해 상세히 보도됐다. AP와 AFP는 이 보도를 인용해 "북한 지도자 김정일의 셋째 아들 김정은이 권력 승계를 위해 노동당의 부국장급 자리(a deputy director-level position)를 얻었다"고 보도하는 등 큰 관심을 보였다.

김정은이 노동당 조직 관련 부서 간부로 재직 중이란 내용은 평양 권력 핵심부에서 후계수업이 상당히 진척됐음을 보여주는 것으로 받아들여졌다. 북한 체제에서 조직사업은 인사 등을 좌지우지하는 핵심 중의 핵심으로 간주되기 때문이다. 김정일이 노동당 중앙위원회의 조직 담당 비서를 겸하고 있다는 말이 나올 정도다. 그런 핵심 부서 요직에 아들 김정은을 앉혀 제왕학을 가르치고 있다는 얘기였다. 김정일은 74년 2월 후계자로 확정되기 직전 노동당 조직지도부장에 올랐다. 김정일이 25세 때인 67년 당 선전선동부 과장이었던 점과 비교할 때 김정은의 '부국장급' 자리는 높은 직급이다.

그동안 김정은의 행적과 관련해서는 '국방위원회 지도원' 근무설 등 미확인 정보와 추측성 보도가 많았다. 윤 의원의 자료가 공개되자 정부 관계당국이 김정은의 현재 직위나 신상과 관련한 구체적 내용을 처음 확인한 것이란 의미부여가 뒤따랐다. 후계자로 내정하는 단계를 지나 이를 공식화하는 작업이 이뤄지고 있다는 방증이기도 하다는 것이었다.

"장군님을 가장 빼닮은 분"

김정일 후계와 관련한 구체적인 정황은 다른 경로를 통해서도 확인됐다. 윤상현 의원이 자료를 공개하기 두 달 전인 8월, 김일성 생가인 평양 만경대를 방문한 남측 민간단체 관계자는 북한 해설원이 김정은에 대해 "장군님(김정일)의 풍모를 가장 빼어 닮은 분"이라고 설명한 일이 있다고 전했다. 또 통일부는 북한 당국이 강사와 제3방송(유선방송)을 활용해 '김정은이란 분이 장군님의 후계자가 될 것'이란 교양사업을 최말단인 인민반 단위까지 마쳤다는 증언을 탈북자 증언 등을 통해 확보했다.

일각에서는 노동당 전문부서에 부국장이란 직책이 없다는 점을 들어 의문을 제기하기도 했다. 하지만 관련 정보의 신빙성을 자신하는 당국은 부국장급 직책이 신설됐을 가능성 등에 주목했다. 김정은이 군부 내 당 조직사업을 책임지고 있을 것이란 관측도 나왔다. 2009년 4월 개정된 헌법에 새로 등장한 선군사상을 계승해야 할 후계자인 김정은이 군내 노동당 관련 업무를 책임진 총정치국에서 조직 담당 부국장으로 일할 공산이 크다는 분석이었다. 관계 당국이 '당 조직지도부' 등으로 못 박지 않고 조직 관련 부서라고 에둘러 표현한 것도 이런 이유에서일 것이란 해석이었다.

윤상현 의원의 정보공개를 둘러싸고 통일부는 한바탕 내홍을 치러야 했다. 당초 국감자료제공을 윤 의원 측으로부터 요청받은 통일부는 해당 정보가 비밀에 해당한다며 난색을 표했다. 하지만 소속 상임위 의원 측이 강하게 요청하자 직접 정세분석국 소속 간부가 방문해 열람만 시키고 구두 설명하는 방식을 취했다. 정보가 특정 언론을 통해 공개되자 현인택 통일부 장관은 관련 부서와 간부를 호되게 나무랐다. 해당 직원들은 "비공개 정보를 일방적으로 공개하는 게 어디있느냐"고 볼멘소리를 했지만 윤 의원 측은 통상적인 의정활동 차원에서 제출받은 북한 관련 정보를 국민의 알 권리 차원에서 제공한 것일 뿐이란 입장을 취했다.

_____ 김정은 '국회의원 선출' 미스터리

2010년 6월 하순. 서울을 방문한 북한 사정에 밝은 한 대북 소식통은 한국 언론과의 만남을 자청했다. 그는 통상적 공개 기자회견이 아닌 비공개 간담회 형식을 원했다. 6월 28일, 잔디밭 정원이 딸린 서울 성북동의 한 저택에서 마련된 자리에 초청받은 건 중앙일보와 조선·동아·국민·문화일보 등 5개 언론사 북한 담당 기자였다.

북한의 최근 정세와 관련한 소식통의 설명 가운데 기자들이 촉각을 곤두세운 건 후계자 김정은과 관련한 내용이었다. 소식통은 "김정은이 지난해 3월 실시된 12기 최고인민회의(국회) 선거에서 대의원에 선출됐다"고 전했다. 김정은이 제216호 선거구에서 대의원에 당선된 사실을 두 달 뒤 북측 인사로부터 확인했다는 말이었다. 2009년 여름부터 소학교(초등학교)에서 김정은 찬양가요인 〈발걸음〉이 불리기 시작했다는 전언도 나왔다. 216이란 숫자는 김정일의 생일인 2월 16일을 의미하며 북한에서는 각별하게 취급된다. 김정일이 직접 하사한

북한 최고인민회의. 대의원증을 들어 표결하는 장면

벤츠 승용차의 번호판도 '216'으로 시작한다. 북한이 2009년 3월 9일 12기 대의원 687명 명단을 발표하면서 216 선거구 대의원이 '김정'이라고 밝힌 걸 두고 김정은을 의미하는 것 아니냐는 관측이 제기된 바 있다. 소식통의 발언으로 김정은의 선출여부는 초미의 관심사가 됐다. 사실일 경우 후계자로 내정된 김정은이 이미 공식 직위를 부여받아 활동하고 있음을 확인하는 것이었기 때문이다.

하지만 의문도 적지 않았다. 북한이 왜 '김정'이란 가명을 사용했는지 등 명쾌하게 설명되지 않는 대목이 적지 않았다는 점에서다. 정부 당국은 이 소식통의 비중에 비춰볼 때 김정은이 대의원에 선출됐을 가능성에 무게를 두면서도 "공식 직함은 북한 당국의 발표가 있어야 확인이 가능하다"는 입장을 취했다.

정부 당국과 전문가들은 12기 최고인민회의 선거 결과가 나오자 '김정'이란 이름에 주목했다. 김정일의 생일을 상징하는 216 선거구에 김정은과 유사한 이름이 등장했다는 점은 뭔가 찜찜한 구석이 있어 보였다. 216선거구 등 정황으로 볼 때 김정은의 대의원 선출은 맞다고 봐야한다는 분석이 설득력을 얻어갔다. 김정은의 이름을 밝히지 않은 건 후계구도가 급부상해 당시 초미의 관심이던 김정일 건강 이상 문제가 증폭될 것을 우려했기 때문이란 풀이도 나왔다. 최고인민회의 대의원은 주민들이 형식상이지만 직접 선출하는 자리라 상징적 의미가 있다. 일종의 지역구 의원 형태를 띠는 것이다. 김정일의 경우

1982년 2월 황해북도 송림에서 7기 대의원에 처음 선출됐다. 이미 74년 2월 당 중앙위 정치위원에 임명돼 후계자로 확정된 뒤 대의원직은 부수적으로 부여 받았다.

물론 10기(98년)와 11기(2003년) 대의원에도 '김정'이란 인물이 올라 있는 건 논란의 소지가 있다는 지적도 나왔다. 북한의 4·15문학창작단 단장인 '김정'이란 인물이 실존하고 있고 그가 김일성·김정일 우상화 작품을 총괄하는 중책이란 점에서 대의원일 가능성이 크다는 주장도 제기됐다. 물론 10기와 11기에는 '김정'이란 인물이 216선거구가 아니기 때문에 12기와는 차이가 있다. 일각에서는 김정일의 세 아들이 모두 '김정'으로 지칭될 수 있다(김정남·김정철·김정은)는 점에서 일찌감치 부자 승계를 염두에 두고 대의원 자리를 설정해 놓은 것 아니냐는 이야기도 나왔다. 김정은의 대의원 선출 주장은 그의 후계 내정 과정에서 또 하나의 물음표로 남았다.

탈북 여교사의 깜짝 증언

"20대 청년대장 김 대장이 후계자가 될 것이라면서도 아직 학생들에게는 알리지 말라고 했습니다."

2010년 7월 8일 경기도 안성의 탈북자 남한정착 지원시설인 하나원 컴퓨터실에서는 한바탕 부산한 움직임이 벌어졌다. 하나원 개원 11주년을 맞아 취재차 현장을 찾았던 통일부 출입

기자들과 교육생과의 대화시간에 한 여성 탈북자가 후계자 김정은에 대한 이야기를 불쑥 꺼냈기 때문이다. 황해도 화학교사 출신의 25살 장씨였다. 그녀는 후계자 김정은과 관련한 북한 내 분위기를 전해달라는 한 기자의 질문에 거침없이 생생한 증언을 쏟아냈다.

"김정은과 관련해서는 지난해 5월에 노동당에서 조직적으로 포치(널리 선전사업을 한다는 의미)를 했습네다. 봄철 모내기 과정에서 150일 전투를 치렀는데 '청년대장 김 대장'이 전투를 지도하신다는 얘기가 돌았습네다. 물론 김정은이란 이름을 밝히지 않았죠."

모내기 작업중 김정일 찬양가요 〈발걸음〉을 배우는 북한 주민들

2009년 9월 탈북한 장씨는 그해 초부터 북한에서 벌어진 김정은 후계자 추대 분위기를 비교적 소상하게 알고 있었다. 기사 송고를 위해 노트북을 두드리는 기자들의 손길이 바빠졌다. 북한의 경제적 어려움과 인권침해 등 탈북자들의 의례적인 증언이 있을 것으로 예상했던 기자들은 뜻밖의 '영양가 있는' 취재원의 언급에 흥분한 기색이 역력했다. 그녀의 증언은 계속됐다.

"김정은이란 이름을 처음 공개적으로 들은 게 지난해 2월 말인가 3월 초인가… 교원들만 대상으로 한 부교장 선생의 학습 시간 때였어요. 교원들에게 김정은 위대성 자료까지도 나왔습니다. A4용지 50페이지 정도로 만든 건데 김 대장의 업적을 칭송해야 한다는 내용이었죠."

장씨는 "척척척 하는 김정은 찬양 노래가 나오면서 김정은 이름을 밝힌 건 5월인 걸로 기억한다"고 말했다. 이때부터 학생들에게도 김정은의 후계내정 사실을 알렸다는 것이다.

장씨는 김정은 후계 내정 사실을 통보받은 교사들의 반응도 전했다. 그는 "3대째 내려오니 또 이리 되누만. 김정은 된다고 잘 살 것이란 기대는 없다."는 볼멘소리도 나왔다고 소개했다. 2012년 되면 강성대국된다고 교양은 많이 하는데 교사들까지도 '그저 그렇다'거나 '2012년 돼 봐야 알지'라는 분위기가 팽배해 있다는 얘기다. 김정은 후계체제에 대한 지식인 계층의 불만이 적지 않다는 점과 이를 비교적 있는 그대로 표출하고 있음을 보여준 언급이었다.

2009년 4월 15일 김일성 생일에 치른 대동강 축포(불꽃놀이)를 김정은이 창작하고 지도한 것으로 선전했다는 설명도 덧붙였다. 장씨는 "아버지 장군님이 현지지도 시 김정은이 안전상태 등을 미리 점검한다는 내용도 위대성 자료에 포함돼 있다"고 전했다. 비가 쏟아지다가도 김정은이 나가니 비가 멎고 무지개가 비쳤다고 얘기하는 등 살짝 전설화된 내용도 포함돼 있다는 얘기다.

이튿날 조간신문에는 장씨의 증언이 눈에 띄는 크기로 일제히 실렸다. 하나원 개원 11주년 행사를 기획했던 통일부 공보담당 직원들은 속앓이를 했다. 공들여 마련한 행사 소식이나 장관의 축사 관련 언급은 모두 묻혀버려 한 줄도 실리지 않았기 때문이다. 김정은 후계구도에 대한 언론의 각별한 관심을 여실히 보여준 사례였다.

─────── 장성택, 김정은 후견인으로 낙점

2010년 6월 7일 오전 평양 만수대의사당. 한국의 국회의사당에 해당하는 이곳에 김정일이 나타났다. 주석단으로 불리는 단상 위의 노동당과 군부·내각 등의 핵심 간부들이 일제히 일어나 그를 맞았다. 600여 명의 최고인민회의 대의원들이 우레와 같은 박수를 쳤다. 김정일의 눈짓에 박수는 이내 멈췄고 회의가 시작됐다. 이날 최고인민회의는 사실상 긴급회의 성격을 띠어 어떤 내용이 논의될지에 관심이 쏠렸다. 통상 연 1회 열리는 정기국회 성격의 최고인민회의를 개최 두 달 만에 다시 열었기 때문이었다. 북한은 5월 18일 관영 조선중앙통신을 통해 "최고인민회의 제12기 3차 회의를 6월 7일 평양에서 연다"고 밝혔다. 4월 9일 12기 2차 회의를 개최하고 곧바로 회의 소집을 다시 들고 나온 것이었다.

북한은 이날 회의에서 총리에 최영림을 임명하고 강능수 노동당 부장 등을 새로 부총리에 선임했다. 또 경공업상과 식료일용공업성 등에 대한 인사도 했다. 하지만 핵심은 따로 있었다.

김정일의 매제인 장성택이 국방위원회 부위원장에 임명된 것이다. 그는 2009년 4월 열린 최고인민회의 제12기 1차 회의에서 국방위원에 임명된 지 1년 2개월 만에 국방위 부위원장 자리에 올라 명실상부한 북한의 '2인자' 자리를 굳혔다는 평가를 받았다. 북한은 12기 1차회의에서 국방위원장을 '공화국 최고 영도자'로 적시하고, 국방위의 권한을 대폭 강화하는 내용으로 헌법을 개정했다. 이 때문에 김정은 후계체제를 구축하는 과정에서 국방위의 역할이 커질 것이란 분석이 제기됐다.

이런 상황에서 장성택이 국방위 부위원장으로 선임되자 김정일이 자신의 아들을 후계자로 옹립하기 위한 후견인으로 장성택을 선택했다는 관측이 나왔다. 장성택은 74년 김정일의 후계구도가 북한 권력 내부에 공식화된 이후 청년세대를 동원한 사상·기술·문화 부문의 혁신운동인 3대 혁명 소조부장으로 친위그룹을 이끌었다. 또 김일성 사망 이듬해인 95년부터 노동당 조직지도부 제1부부장으로 막강한 권력과 지위를 누리면서 김정일 체제가 안정적으로 홀로서기를 하는데 든든한 버팀목 역할을 해냈다. 중앙통신을 비롯한 북한 관영 매체들이 장성택의 국방위 부위원장 선임이 "노동당 총비서이시고 국방위원장이신 위대한 영도자 김정일 동지의 제의

김정일을 수행중인 장성택

에 따라 이뤄졌다"고 강조한 것도 김정일의 두터운 신임을 과시해 반대세력들의 준동을 막으려는 포석으로 받아들여졌다. 두 달 전 12기 2차 회의에는 참석하지 않았던 김정일이 3차 회의에 직접 모습을 보인 것도 같은 맥락이란 얘기다. 이는 국방위를 중심으로 후계문제를 뒷받침토록 하려는 김정일의 의중이 반영된 것으로 읽혀졌다. 장성택이 최고 실세로서 후계구축에 중심 역할에 설 것이란 예상도 나왔다. 장성택의 측근인 박명철 국방위 참사가 체육상을 맡는 등 장성택의 사람들이 요직에 복귀한 것도 이를 보여주고 있다는 얘기다.

김정은 후계문제가 한창 거론되면서 장성택·김경희가 후견인으로 부상한 2010년 상반기는 북한 권력 내부의 인사에 상당한 변화가 이뤄진 시기다. 국방위원회와 노동당·내각의 핵심 인물 40명의 인사가 단행됐다. 북한은 1월 7일 중국 주재 북한 대사에 최병관 전 외무성 영사국장을 임명한 것을 시작으로 6월 30일 곽범기 전 내각 부총리의 함경남도 노동당 책임비서 임명까지 모두 32차례 인사를 공개했다. 북한의 주요 인사는 3월을 제외하고 매달 관영매체를 통해 보도됐다. 가장 큰 폭의 인사는 6월 7일 열린 최고인민회의에서 이뤄졌다. 당시 장성택 국방위원이 부위원장에 임명됐고, 3명의 부총리가 해임되고 6명이 새 부총리에 오르는 등 내각에 큰 변동이 있었다.

김정일의 지방 방문 영접 때 점수를 딴 것으로 알려진 김낙희 황해남도 당 책임비서와 이태남 평안남도 당 책임비서가 내각 부총리에 임명됐다. 김정일의 5월 방중을 수행했던 태종수 함경남도 당 책임비서는 노동당 총무부장에 올랐다. 김일철 국방위원 겸 인민무력부 제1부부장은 5월 '80세 고령'이란 이유로 물러났으나 한 달도 지나지 않아 81세의 최영림이 총리에 임명되는 등 고령자들의 요직 임명이 잇따라 김일철이 물러난 배경에 의문이 제기됐다. 군 총참모부 작전국장인 김명국은 알 수 없는 이유로 하루 아침에 대장에서 상장(별셋)으로 강등됐다가 4월에 대장으로 복권됐다. 당 조직지도부 제1부부장인 이용철과 이제강, 당 중앙위 비서인 김중린은 상반기 중 사망한 핵심 인물이다. '당 속의 당'이라는 얘기를 듣는 조직지도부의 제1부부장 2명 사망은 김정은 후계체제 구축 과정에서 새 핵심 측근의 부상을 예고했다. 정부 당국은 장성택의 국방위 부위원장 승진이나 인민보안성을 인민보안부로 개편하는 등의 조직 변화가 김정은 후계체제 기반 구축을 위한 통치조직 정비 차원일 가능성에 주목했다. 또 내각 부총리와 경제 관련 부서의 인적 쇄신은 화폐개혁 후유증 수습과 민심 추스르기 성격을 띤 것으로 분석이 나왔다.

――――― '믿을 건 가족뿐' 3대 세습의 시작

김정일이 여동생 김경희와 장성택 부부를 김정은의 후견인으로 낙점했다는 점은 여러 정황으로 확인할 수 있다. 장성택이 국방위 부위원장으로 등극한 2010년 상반기에 김정일의 공개활동에 가장 많이 수행한 인물은 여동생인 김경희 노동당 경공업부장이다. 6월 말까지 김정일의 공식 활동은 모두 77차례였는데 김경희가 56회 함께 움직인 것으로 파악된 것이다. 수행 빈도 2위는 장성택으로 45차례였다. 김기남 노동당 비서가 40회, 최태복 당 비서와 현철해 국방위 국장이 25회로 뒤를 이었다. 김경희·장성택 부부가 당과 군부의 인사들을 제치고 김정일을 지근거리에서 보좌하고 있음을 보여주는 수치다. 이를 두고 김정일이 아들 김정은으로의 후계구도 구축 과정에서 '믿을 건 가족뿐'이라는 생각을 굳힌 것이란 분석이 대두했다.

흥미로운 점은 국방위 부위원장 선임을 계기로 장성택이 '권력서열'에서 김경희를 앞질렀다는 것이다. 권력서열은 북한이 사용하는 표현은 아니지만 북한 관측통들이 호두 속 같이 알 수 없게 돌아가는 권력 내부의 변화를 감지하는 데 애용하는 준거틀이다. 각종 행사 참석자를 북한 관영매체들이 호명하는 순서나 김정일 수행원의 거명 순위에 따라 권력의 부침을 가늠할 수 있다는 점에서다. 북한 관영 조선중앙방송은 장성택의 국방위 부위원장 선출 8일 후인 6월 15일, 김정일의 군부대 공연관람 사실을 전하면서 수행원 명단을 소개했다. 중앙방송은 "국방위 부위원장 장성택 동지… 노동당 부장 김경희 동지"라고 호칭했다. 이전까지 장성택은 행정부장, 김경희는 경공업부장을 맡아 노동당 전문부서의 같은 부장급이었다. 북한 관영매체들은 수행원 소개 등에서 "당 부장인 김경희, 장성택 동지"순으로 부인인 김경희를 앞세웠었다. 하지만 국방위 부위원장 선출은 이를 뒤바꿔버렸다.

미스테리로 남은 핵심실세 이제강의 죽음

후계구축을 챙겨 온 또 다른 실세 이제강 노동당 조직지도부 제1부부장은 장성택의 국방위 부위원장 승진이 있기 며칠 전 교통사고로 숨졌다. 조명록 제1부부장도 노환 등의 요인으로 제 역할을 못하는 상황이라 김일철 국방위부위원장의 '고령'을 이유로 한 퇴진과 이제강의 죽음으로 장성택이 사실상 국방위를 장악하는 상황이 됐다고 볼 수 있다. 노동당의 핵심인 이제강이 교통사고로 숨졌다는 부고가 북한 관영매체로 흘러나오자 서울의 북한 관측통들은 고개를 갸웃거렸다. 우선 장성택이 국방위 부위원장으로 승진한 최고인민회의가 열리기 닷새 전인 6월 2일 갑자기 숨진 시점이 묘했다. 특히 사망원인이 '교통사고'라는 점도 도마에 올랐다. 한밤중에 다니는 차량이 거의 없는 북한에서, 그것도 노동당의 최고 핵심 인사가 교통사고로 죽는다는 것은 선뜻 믿기 어려운 일이었다. 이제강은 북한 권력의 핵심으로 노동당 조직은 물론 군부와 내각 등 핵심간부의 인사문제를 총괄하는 당 조직지도부에서 37년을 근무했다. 조직지도부는 김정일이 김일성종합대학을 졸업하고 64년 6월 '지도원'으로 첫 직장생활을 시작한 곳으로 후계자로 자리를 굳히기 직전인 73년 9월 부장을 맡았던 부서다. 고영희가 자신의 아들을 후계자로 옹립하기 위해 이제강에게 은밀하게 도움을 요청했다는 설이 나올 정도다.

이제강의 사망과 관련해 소식통들은 타고 가던 벤츠 승용차의 브레이크가 파열돼 숨진 것으로 전했다. 일각에서는 음주

운전 가능성도 제기했다. 2003년 김정일의 비밀댄스 파티에 참가했다 음주운전으로 사망한 것으로 전해진 김용순 노동당 통일전선 담당 비서는 직접 차를 몰았던 것으로 알려져 있다. 하지만 80세 고령인 이제강이 직접 승용차를 운전했을 가능성은 낮다는 점에서 의문이 제기됐다. 국방위원회가 이제강의 죽음 한 달 전인 5월 14일 인민무력부장 출신인 김일철 국방위원을 '80세' 고령이란 이유로 공개적으로 해임시켰는데 공교롭게도 이제강의 나이도 80이다. 이제강과 함께 김정은의 생모인 고영희 편에 섰던 것으로 알려진 이용철 조직지도부 제1부부장도 82세의 나이에 4월 심장마비로 숨졌다. 이런저런 의혹이 제기되면서 후계구도를 둘러싼 권력암투에 따른 사망이란 주장이 호사가들의 입에 오르내렸다.

이런 의문이 제기되는 건 북한에서 정적을 교통사고로 위장해 사망 처리했다는 설이 끊이지 않았기 때문이다. 70년대 우리의 국방장관에 해당하는 김창봉 민족보위상은 김정일 세습체제를 반대하다가 김일성의 눈 밖에 나는 바람에 교통사고로 사망하는 식으로 제거됐다는 것이 북한 권력층에서는 정설로 굳어졌다. 물론 북한 체제의 특성상 이런 정적 처리 방식은 쉽게 그 정황이 드러나거나 외부에 소상한 경위가 알려지지 못한다. 이제강의 경우도 진실은 미스테리로 남을 수밖에 없다. 하지만 이런 관측이 사실에 가깝다면 김정일이 후계구도의 안정적 착근을 위해 장성택을 선택했고, 잠재적인 반대세력의 척결을 위해 교통사고사로 위장했을 가능성이 있다는 게 일부 북한 전문가들의 분석이다.

이제강의 장례절차는 이런 의혹을 부채질했다. 고위직임에도 장의위원회가 구성되지 않은 것으로 파악됐고, 당 핵심인사의 장례 때 빈소를 차리는 서장회관을 이용하지 못했다. 부부장이 죽었는데도 조직지도부 직원들의 조문이 없었다는 점도 이상한 대목이라는 게 정보 관계자의 전언이다.

의혹의 눈길을 받은 북한 고위 간부의 사망 사례는 더 있다. 김정일의 통치자금을 관리하고 외화벌이 사업을 총괄하던 임상종 노동당 38호실 실장의 해외 돌연사도 북한 관측통들의 관심을 끌었다. 81세인 임상종이 2007년 10월 16일 아침 투숙 중이던 중국 상하이 호텔방에서 숨진 채 발견됐다. 임상종의 시신은 평양에서 파견된 북한 고위층이 직접 수습해 갔다. 그의 사인은 일단 심장마비로 파악됐다. 상하이에 운영 중인 북한 호텔과 식당의 실태를 파악하기 위해 방문했다 변을 당했다는 얘기다. 하지만 그가 총괄하던 노동당 38호실은 39호실과 함께 해외에서의 외화벌이 사업과 통치자금 조달·관리를 전담하는 기구라는 점에서 주목받았다. 무엇보다 김정일의 내탕금을 책임진 금고지기 역할을 하던 임상종이 측근 중의 측근이란 점에서다. 소수의 핵심 간부들만 초청해 베푸는 야간 비밀파티에도 자주 참석한 것으로 우리 정보당국은 파악하고 있다. 관영 조선중앙통신을 비롯한 북한 매체들은 10월 20일 "노동당 중앙위 후보위원인 임상종 동지가 '급병'으로 숨졌다"고 간략히 보도했다. 하지만 그가 어디서 어떻게 숨졌는지와 직책 등은 공개하지 않았다. 노동신문도 같은 날 1면에 김정일이 임상종의 영전에 화환을 보냈다는 사실을 전했다.

_____ 파리 유학 중 자살한 평양 로열패밀리 여대생

2006년 8월 중순 프랑스 외무성의 극동지역 담당 관리에게 북한 대표부로부터 한 통의 전화가 걸려왔다. 파리에 체류 중이던 북한 여자 유학생 한 명이 숨졌으니 본국으로의 시신운송 등 협조를 바란다는 것이었다. 관련 사실이 알려지지 않도록 보안을 해줬으면 한다는 입장도 프랑스 측에 전달됐다. 현장에 파견된 파리 시경 측으로부터 외무성에 특별보고가 들어왔다. '서구적 미모를 지닌 20대 동양여성으로 자신이 머물던 고급빌라의 침실에서 변사체로 발견'이란 요지였다. 사건은 수면제 과다복용으로 인해 자살한 것으로 결론 내려졌다.

언뜻 보면 평범한 유학생의 자살인 것처럼 비쳐졌다. 하지만 프랑스 관계당국과 현지의 한국 정보기관 요원들은 촉각을 곤두세우고 부산히 움직였다. 숨진 여성이 그들이 특별히 주시해 오던 인물이기 때문이었다. 이름은 장금송으로 일명 금순으로 불리던 인물이었다. 29살의 짧은 생을 스스로 마감한 그녀는 북한 최고 권력자 김정일의 조카였다. 몇 해 전 프랑스로 건너와 유학생활을 해 온 그녀는 한국과 프랑스 정보기관의 관심을 한 몸에 받았다.

그러던 그녀가 급작스레 죽음을 택했다. 관계당국이 파악한 사연은 이랬다. 평양에서 대학을 마치고 프랑스로 유학 온 장금송은 북한 대표부 인근의 단독빌라에서 생활했다. 북한인 가정부와 운전사까지 딸려 있는 특별한 생활이었다. 대학등록도 해두었지만 학교생활에 특별한 흥미를 갖지 못했다고 한다. 프랑스의 친구들은 핵무기와 인권탄압 등으로 악명 높은 독재국가 로열패밀리의 멤버에게 쉽게 다가오지 않았다. 해외에서의 쓸쓸한 생활을 이어가던 그녀는 북한에서 온 30대 초반의 유학생과 가까워졌고 사랑에 빠졌다. 두 사람은 결혼을 전제로 본격적인 교제를 시작했고 장금송은 이런 사실을 평양의 부모에게 국제전화로 알렸다.

피난시절의 김정일과 김경희

평양에 살고 있는 그녀의 어머니는 김경희 노동당 경공업부장. 바로 최고 권력자 김정일의 여동생이었다. 김정일과 김경희는 김일성과 본처 김정숙 사이에 태어난 남매다. 김정숙은 두 아이를 남겨 놓은 채 1949년 숨졌다. 6·25 당시 유엔군에 밀려 북한군이 쫓겨 갈 때 여동생을 데리고 만주에서 피난생활을 한 김정일로서는 여동생에 대한 애정이 각별할 수밖에 없다. 아버지가 94년 7월 사망한 뒤에는 더욱 그랬다.

장금송의 아버지 장성택은 당시 노동

당 중앙위원회 제1부부장을 맡고 있다. 북한 권력 내부에서는 '장 부장'으로 통하는 핵심실세다. 김정일 사망 이후 부자승계가 이뤄지지 않을 경우 한때 후계자가 될 것이란 서방 정보기관의 관측이 나올 정도로 영향력 있는 인물이었다. 장성택과 김경희 사이에 무남독녀인 장금송을 주변 사람들이 북한에서 온 여성으로 눈치 채지 못할 정도로 남부럽지 않은 유학생활을 하게 된 것도 이런 든든한 배경에서다.

결혼을 하겠다는 말에 대해 돌아온 대답은 '노'였다. 장금송이 사랑에 빠진 남학생의 출신성분이 문제였다. 장성택이 면밀한 뒷조사를 통해 상대의 집안이나 배경을 꼼꼼히 살펴보았을 것이란 게 우리 관계당국의 귀띔이다. 평양으로부터 곧바로 귀환하라는 엄명이 떨어졌다. 장금송은 고민에 빠졌다. 이대로 부모의 말을 듣고 돌아갔다가는 다시 만나기 힘들 게 뻔했다. 장금송은 수면제 수십 알을 삼키고 잠들었고 이틀 뒤 가정부와 운전기사에 의해 죽은 채로 발견됐다. 그녀의 유해는 프랑스 보안당국의 협조아래 항공편으로 중국 베이징을 거쳐 비공개리에 평양으로 향했다. 로열패밀리의 핵심 중 하나인 장금송은 결국 출신성분의 벽을 넘지 못한 채 비운의 삶을 마감했다.

_____ 한 편의 영화 같은 장성택·김경희 러브스토리

장금송의 결혼에 제동을 건 그녀의 부모는 아이러니컬하게도 집안의 반대를 무릅쓴 결혼에 성공한 케이스다. 북한 핵심 권력층 사이에서는 그 스토리가 아직도 회자된다. 고위층 출신 여성 탈북자에 따르면 1946년생 동갑내기인 장성택과 김경희는 북한 최고의 명문 김일성종합대를 나와 60년대 말 모스크바 유학을 함께했다. 훤칠한 키에 머리 회전이 빠른 장성택은 장래가 촉망되는 인물이었다. 김경희는 호남형의 스마트한 이 엘리트 청년에게 호감을 갖게 된다. 이들의 사랑은 평양으로 돌아온 뒤에도 계속됐다. 아코디언 연주가 일품인 온화한 성격의 장성택에 비해 김경희는 괄괄한 편이었다. 먼저 프로포즈를 한 것도 김경희였다고 한다.

하지만 김경희의 아버지 김일성은 두 사람의 사이를 반대했다. 그리고는 딸과 떼어놓을 요량으로 장성택을 강원도 원산경제대학으로 전출시켜 버렸다. 하지만 사랑에 눈이 먼 불같은 성격의 김경희는 틈만 나면 자신의 벤츠 승용차를 몰아 원산으로 향했다. 장성택과의 원정밀애는 끝날 줄 몰랐다. 결국 김경희는 앓아눕고 말았다. 김일성은 딸의 고집에 손을 들었고 장성택·김경희 두 사람은 26살이 되는 72년 결혼에 성공했다. 당시 노동당 선전선동부 부부장 겸 문화예술부 부부장이던 김정일은 영화제작을 핑계로 장성택과 만났다. 김정일이 아버지에게 장성택의 사람 됨됨이가 괜찮다는 보고를 한 게 김일성의 마음을 돌리는 데 결정적 영향을 미쳤다고 한다. 김일성은 이

후 장성택에게 요직을 맡기며 출세가도를 달리게 했다.

장성택과 김경희의 관계는 한때 이혼을 생각할 정도로 심각한 상황에 이르렀던 것으로 알려져 있다. 김경희는 알콜중독으로 인해 상당한 심신장애를 겪기도 했다. 94년 아버지 김일성의 사망 때와 추도행사에 모습을 비춘 이후로 그녀는 공개석상에 나타나지 않았다. 형식적으로 갖고 있던 장관급의 당 경공업 부장 자리도 한동안 내놓았다가 다시 맡을 정도였다. 2006년, 딸 금송이 프랑스에서 자살한 이후부터는 우울증을 겪었다. 김경희는 오빠 김정일이 건강이상에서 회복한 2008년 말 공개 석상에 모습을 드러내면서 권력의 전면에 복귀했다. 이후 두 사람은 김정일 관련 행사에 함께 수행하는 등 같은 동선으로 움직이는 경우가 많아졌다. 잦은 불화로 위기를 맞았던 이들 부부를 김정일이 중재해 파경을 막도록 했다는 후문이다.

_____ 남한 폭탄주 먹고 몸버린 장성택

대북 정보부처 관계자들은 장성택을 김정일을 제외한 북한 최고의 파워맨으로 손꼽고 있다. 하지만 장성택은 늘 2인자의 자리에 머문다. 2002년 10월 26일 북한의 경제 시찰단 18명이 남한에 왔지만 그는 단장이 아니었다. 박남기 국가계획위원회 위원장에게 완장을 넘긴 것이다. 기자들이 그에게 관심을 표하면서 질문공세를 하면 "우리 단장 선생께 물어보라"며 피했다. 하지만 장관급 인사가 5명 포함된 대표단의 8박

9일 남한 체류 기간 중 장성택은 거침없는 모습을 드러냈다. 삼성전자를 방문한 시찰단이 신용카드로 음료수를 사는 자동판매기에 대한 설명을 들을 때였다. 박남기 단장이 신용카드 결제에 대한 이해를 못해 엉뚱한 질문을 하며 지체하자 장성택은 짜증 섞인 목소리로 "야 그냥 가자구 하라우"라고 외쳤다. 박남기 일행이 서둘러 발걸음을 옮기는 것을 지켜본 남측 관계자들은 장성택의 파워를 실감할 수 있었다고 한다.

장성택은 당시 시가 1백만 원이 넘는 발렌타인 30년산 양주로 남한식으로 폭탄주를 만들어 먹고, 강남의 룸살롱 같은 유흥주점에 가자고 하는 등의 자유분방한 행동으로 우리 당국자들을 놀라게 만들었다. 2005년 6월 정동영 당시 통일부 장관이 특사로 평양에 갔을 때 장성택의 안부를 묻자 김정일이 "장 부장(장성택)은 남조선에 가서 하도 폭탄주를 먹고 몸을 버려 잠시 쉬도록 조치했다"고 말한 것도 이런 상황을 지칭한 것이다. 과음으로 아침 참관 일정이 지체돼도 누구 하나 장성

2005년 6월 정동영 통일부 장관이 김정일과 환담하고 있다. 오른쪽은 임동원 전 국정원장

택의 방문을 두드리지 못했다. 호텔이든 식당이든 간에 장성택이 움직이면 북측 관계자들이 거의 벽에 달라 붙을 듯한 자세로 길을 터주는 모습이 목격되기도 했다.

장성택은 분파 행위를 했다는 이유 등으로 시련을 겪기도 했다. 2003년 12월 김정일의 명령에 따라 경제개혁 조치를 이끌던 박봉주 내각 총리가 신일남 수도건설위원장에게 '평양시의 현대화 사업에 필요한 자재를 우선 공급하라'고 지시했다. 그런데 신일남이 '장성택 부부장의 승인이 필요하다'며 거부했다. 당시 김정일은 "경제 문제는 박봉주와 상의하라"고 지시할 정도로 총리에게 힘을 실어줬다. 박봉주는 내각 인사들이 자신의 말보다 장성택의 의견을 추종하는 사례를 일일이 찾아내 김정일에게 직보했다. 결국 장성택은 노동당의 강도 높은 검열을 받아야 했다. 장성택은 2004년 '종파주의와 권력남용 혐의'로 신일남 등 측근 수십 명과 함께 혁명화 교육을 가야 했다.

김정일은 이 사건 직후인 2004년 4월 군 고위 간부를 모아놓고 "지난 시기 반당혁명분자들은 다 동상이몽하는 자들이었다. 겉으로는 당의 노선과 정책을 지지하는 척하지만 속으론 반대한다. 도적고양이처럼 숨어다니며 쏠라닥질(못되게 쑤근거림)했다. 그가 누구든 강한 투쟁을 벌여 머리를 들지 못하게 만들어야 한다"고 말했다. 장성택의 분파 행위를 강도 높게 비판한 것이다.

하지만 김정일은 2006년 1월 장성택을 당 근로단체 및 수도건설부 제1부부장으로 복권시키고 파티를 성대히 열어 위로해 줬다고 한다. 이후 김정일의 현지지도를 수행하는 장성택의 모습이 몰라보게 달라졌다. 과거와 달리 김정일 앞에서 두 손을 공손히 모으고 부동자세를 취했다. 혁명화 교육의 약발이 먹힌 것이다. 하지만 시간이 지나면서 장성택은 다시 풀어지는 모습을 보였다. 당과 군부의 다른 핵심 간부들이 수첩으로 김정일의 말을 일일이 메모하고 긴장된 표정으로 주시하는 데 비해 장성택은 손을 늘어트리고 주목하지 않는 장면을 자주 내비치고 있다.

김정일은 건강이상으로 쓰러져 권력공백이 생긴 2008년 8월 이후 몇 개월에 걸쳐 장성택이 능력을 발휘해 원만한 위기관리를 해나가는 모습을 보고 다시 전폭적인 신임을 하게 됐다는 게 정설이다. 장성택 복권은 부인인 김경희의 힘이 컸다고 한다. 부부관계가 원만치 않은 두 사람이었지만 김경희가 오빠인 김정일을 적극 설득했다는 것이다.

SUCCESSOR KIM JONG-UN

5

권력투쟁은 시작됐다

평양판 '형제의 난', 우암각 습격 사건

2009년 4월 초 평양 중구역에 자리한 특각에 국가안전보위부 요원들이 들이닥쳤다. 보위군으로 불리는 보위부 소속 특수병력도 동원된 심야의 습격이었다. 김정일 일가만이 사용할 권한이 있는 초호화 별장인 이곳에 들어선 정예 요원들은 거침없이 집안 곳곳을 뒤졌다. 급작스런 가택수색에 제대로 저항조차 못하던 관리요원들과 특각에 머물던 몇몇 인사들이 끌려가다시피 차에 태워졌다. 우암각으로 불리는 이 별장은 김정일의 장남 김정남이 평양 체류 때 주로 머무는 안가였다. 김정일의 특별지시를 받은 공작원들에게 납치됐다 풀려난 것으로 전해진 신상옥·최은희 부부가 한때 체류했던 곳으로도 알려졌던 장소다. 이들 부부가 평양 탈출에 성공해 한국으로 간 뒤에는 초대소로 쓰였다. 김정남이 여기를 자신의 거점으로 삼은 것은 97년 즈음으로 알려진다. 주로 서방국가를 떠돌던 그는 평양에 돌아오면 이곳에 자주 머물렀다. 2002년 숨진 어머니 성혜림이 살던 본가보다는 우암각을 즐겨 찾았다는 것이다. 김정남은 아버지의 비밀연회를 흉내 낸 '파티 정치'를 벌였는데 실제로는 김정남 지지세력들의 모임이었다.

보위부원들이 급습했을 때 김정남은 우암각에 없었다. 일 년 중 상당 시간을 마카오와 홍콩 등지를 오가며 지내고 있기 때문이다. 보위부는 압수해 간 서류를 뒤졌고 김정남의 수족과 같은 관리인과 측근들을 상대로 강도 높은 조사를 벌였다. 김정남이 평양에 머물 때 은밀하게 접촉한 권력 내부의 인사들과 우암각 파티에 초대된 멤버들을 파악하는 게 주된 목적이었다. 후계에서 밀려났지만 김정남은 최고 권력자인 김정일의 장남이었다. 그런 김정남과 추종세력의 근거지라 할 수 있는 우암각을 보위부가 짓밟는다는 건 북한에서 상상도 할 수 없는 일이었다.

놀랍게도 보위부 병력을 동원토록 직접 지시를 내린 사람은 김정남의 이복동생인 김정은이었다. 한때 김정남이 유력시됐던 후계자의 자리를 차지하게 된 김정은이 잠재적 위협세력인 김정남 일파를 거세하기 위한 선제공격을 펼친 것이란 관측이 북한 권력 내부에서 흘러나왔다. 김정은은 더 이상 이복형 김정남과 친형인 김정철의 그늘에 가려졌던 어린아이가 아니었다. 우암각 사건은 이를 북한 권력 내부에 공공연하게 과시한 첫 시도였다. 아버지로부터 후계자로 낙점된 그에게 평양의 절대권력이 쏠리고 있었다.

김정은의 사조직 '봉화조'

국가안전보위부라는 북한 최대의 공안기구가 부상하는 김정은 권력 중심축의 하나였다면 그의 사조직인 봉화조는 든든한 미래형 보험과 같은 존재라 할 수 있다. 봉화조의 실체는 한·미 정보당국 관계자들 사이에는 공공연한 비밀이었다. 해마다 정례적으로 서울의 내곡동 국가정보원 청사와 미 버지니아주 랭글리 중앙정보국(CIA)를 오가며 열리는 한·

미 정보교류협의회에서 양측의 북한 분석관들이 가장 흥미롭게 대화를 나누는 주제 중 하나가 봉화조에 관한 이야기였다. 북한 파워엘리트들의 자제들로 구성된 조직이란 점에서다. 서울의 정보당국은 2000년대 들어 심상치 않은 이들의 움직임을 추적하며 비교적 상세한 첩보들을 파악하고 있었다. 하지만 북한을 자극할 수 있는데다 상당 부분의 정보가 미국 정보기관의 감청 등으로 얻어진 것이란 점에서 이에 대한 언급을 꺼려왔다. 이와 관련한 보도는 미국 쪽에서 먼저 흘러나왔다. 김정일의 아들이 포함된 북한 최고위 권력자들의 2세 사조직이 존재한다는 워싱턴 타임스(WT)지의 2010년 5월 25일 보도는 후계문제와 관련해 관심을 촉발시켰다. 미 재무부가 천안함 침몰 사건에 따라 한국과 함께 대북 금융제재를 모색하는 과정에서 '봉화조'라고 불리는 북한 내 단체의 존재를 파악하게 됐다. 봉화조는 중국의 당·정·군 고위층 인사들의 자녀군을 일컫는 '태자당'과 유사한 집단으로 알려지고 있다.

미 재무부는 단체의 실질적 리더로 오극렬 국방위원회 부위원장의 아들 오세원을 지목하고 있다. 오세원 외에 북한의 대미외교 브레인이자 김정일의 최측근인 강석주 부총리의 아들 강태승, 김정일 서기실 부부장 출신인 김충일의 아들 김철운, 보위사령부 사령관 김원홍의 아들 김철, 보위부 부국장 김창섭의 아들 김창혁 등이 봉화조 멤버로 파악되고 있다는 건 우리 관계당국도 파악하고 있는 사항이다. 재무부는 이들이 북한 위조지폐와 마약을 외국에 유통하는 일에 연루됐거나 주도적인 역할을 하는 것으로 보고 있다. 이들이 적어도 2005년까지 초정밀 100달러 위폐인 '수퍼노트' 유통과 헤로인 밀거래 등 불법 활동에 관여했다는 것이다.

리더격인 오세원은 2004년 미국 라스베이거스에서 적발된 위조지폐 사건과 2003년 4월 헤로인 330파운드를 실은 채 호주 당국에 붙잡힌 북한 화물선 봉수호 사건 등에 연루된 구체적인 혐의가 있는 것으로 서방 정보당국은 파악하고 있다. 특히 위폐 유통과 관련한 봉화조의 활동은 2005~2007년 미국 당국의 대북 금융제재를 발동시킨 계기가 되기도 했다는 것이다. 이들은 북한의 위법활동에 대한 서방의 감시가 심해진 2005년 즈음부터는 북한 내에서 마약을 팔기 시작하다 적발되기도 했다. 하지만 대부분 집안 배경 덕분에 사면됐고 무소불위의 행동을 하고 있다.

이 보도에서 가장 눈길을 끈 것은 김정일의 아들들이 봉화조와 밀접한 관계를 맺고 있다는 대목이었다. 특히 김정일 후계자로 알려진 김정은의 경우 친형인 김정철을 따라다니며 봉화조 멤버들과 가깝게 어울렸고 20대에 들어서서는 봉화조에 가입해 활동해온 것으로 알려졌다. 김정철의 경우 봉화조와 밀접하게 연결돼 있으며 이 조직을 통해 마약을 구입하기도 했다고 한다. 바로 이런 봉화조가 김정은에게는 든든한 후원세력이 됐다. 미래형 권력의 총본산이라 할 봉화조의 멤버들이 그의 뒤를 버티며 뒷심을 보태주고 있다는 점에서다.

칼 겨눈 동생에 격노한 김정남

우암각에서 붙잡혀 간 뒤 보위부의 조사를 받고 나온 최측근으로부터 사건의 전말을 보고받은 김정남은 격한 감정을 토로했다. 이복동생인 김정은에 대해 노골적인 반감을 보이기 시작한 것도 이때부터라고 한다. 어린 동생이 후계에서 밀려난 자신을 향해 칼끝을 겨눴다는 점에서다. 하지만 현실은 냉혹했다. 이미 권력의 칼자루를 놓쳐버린 김정남으로서는 뾰족한 수가 없었다. 그는 싱가포르로 몸을 피하는 등 한동안 자신의 동선을 드러내지 않고 유랑생활에 가까운 행보를 보였다.

북한 후계권력의 구축과정에서 빚어진 갈등이라 할 우암각 사건은 철저하게 비밀에 부쳐졌다. 한·미 정보당국이 촉각을 곤두세우고 사태추이를 주시하던 이 사태는 한차례 해프닝으로 잊혀지는 듯했다. 우암각 사건이 다시 조명받게 된 것은 중앙선데이가 2010년 6월 6일자에 김정남과의 인터뷰를 게재하면서다. 이 신문은 4일 오전 마카오의 신도심 코타이에 있는 알티라 호텔 10층 양식당인 오로라 엘리베이터 앞에서 김정남과 즉석 인터뷰를 했다. 일각에서 제기된 김정남의 망명 가능성에 대한 질문도 이 자리에서 던져졌다. "유럽 쪽으로 가실 거란 얘기가 들리던데요"라는 기자 질문에 김정남은 "유럽 쪽으로 간다는 건 무슨 의미죠? 제가 왜 유럽 쪽으로 가죠?"라고 되묻는 모습을 보였다. 그리고는 "아이고…. 전혀. 유럽 쪽으로 갈 계획이 없습니다. 유럽 쪽으로 간다는 의미가 뭔지 몰라가지고…. 유럽 쪽으로 제가 왜 가요, 여행을 갈 수 있을지는 몰라도…"라며 망명 가능성을 일축해버렸다.

망명설의 뿌리에는 우암각 사건이 자리하고 있었다. 후계 권력에서 밀려난 장남 김정남은 비운의 황태자가 아니라 견제와 거세의 대상이었다. 이복동생에게 이런 의중이 있음을 알아차린 김정남으로서는 더 이상 버티기 쉽지 않다는 판단을 했을 수 있다. 자칫 잘못하다가는 목숨마저 잃을 수 있다는 점에서다. 서방 망명설이 나돈 것도 이런 배경에서다.

우암각 사태에 대한 사실관계 확인요청에 국가정보원은 "정보사항은 확인해 줄 수 없다"는 원론적인 입장을 냈다. 하지만 한 고위 관계자는 "우암각 사건은 어느 정도 사실이라고 알고 있으면 된다. 우리도 대체로 그런 내용이 벌어졌다는 사실을 파악하고 있다"고 귀띔했다. 언론기관이나 기자들 사이에서는 정보기관의 책임 있는 당국자가 이런 정도의 언급을 하는 것은 사실상 관련 정보가 신빙성 있는 팩트임을 확인해 주는 것으로 받아들여진다. 우암각은 김정일 패밀리의 후계자 후보그룹에 있던 형제들이 권력다툼을 처음으로 본격화한 현장으로 남았다.

"김정은의 이복형 암살계획 중국이 제동"

김정일 로열패밀리의 황태자들 간에 죽기살기 식의 암투가 벌어지고 있다는 첩보내용을 토대로 한 보도는 몇 차례 더 있었다. KBS TV는 2009년 6월 15일 밤 9시 뉴스에서 "김정일 국방위원장의 후계자로 급부상 중인 3남 김정은의 측근들이 최근 김정일의 장남인 김정남을 암살하려했으나 실패한 것으로 전해졌다"고 보도했다. KBS는 중국 측 소식통을 인용해 김정남 암살 계획이 은밀히 진행됐으나 사전에 이를 알아챈 중국의 반대로 제동이 걸렸다며 중국 측이 김정남을 은신처로 피신시켜 보호 중이라고 전했다. 암살기도는 김정일도 모르게 진행된 것 같다는 분석이었다. 이 보도는 후계구도를 둘러싸고 후계자로 내정된 셋째 아들 김정은과 후계에서 밀려난 장남 김정남 사이의 알력 가능성을 보여줬다. 중국에 오래 머물러 중국의 지도부들과 친분이 있고 친중 성향을 보이고 있는 것으로 전해지는 김정남을 중국 정부가 암살위협으로부터 보호하고 있다는 스토리는 북한 관측통들의 관심을 끌기에 충분했다.

자기 땅에서 북한 정권의 왕자들이 암살기도까지 포함된 권력투쟁을 벌인다는 한국 언론의 보도에 발끈한 건 중국 당국이었다. 중국 외교부는 공식 브리핑을 통해 이런 언론보도에 불쾌감을 드러냈다. 친강 외교부 대변인은 "(지난 브리핑에서) 함축적인 표현으로 부인했는데 알아듣지 못했다면 오늘은 송곳으로 창호지를 찌르는 것처럼 확실하게 설명해 드리겠다"고 말했다. 외교가에서는 좀처럼 등장하지 않는 매우 거칠고 강한 표현이었다. 친강 대변인은 "관련 보도를 주의 깊게 봤다"면서 "마치 007 소설 같은 얘기였다. 그런 사실은 결코 없다"고 강력하게 부인했다. 외교부처에서 공보담당 관리가 공식브리핑을 통해 언론보도에 대해 '소설 같다'고 말하는 것은 매우 이례적인 일이었다. 중국 외교부가 이처럼 강도 높은 반박에 나선 건 15일 밤 KBS보도에 이어 이튿날 일본 아사히신문이 김정은의 극비 방중설을 보도했기 때문이다. 김정은이 6월 10일쯤 김정일의 특사자격으로 중국을 극비리 방문해 후진타오 국가주석과 왕자루이 중국공산당 대외연락부장 등 간부들을 잇달아 만났다는 내용이었다. 방중설을 부인하는 브리핑에도 불구하고 아사히신문이 첫 보도 이틀 뒤인 18일자에 "김정은·후진타오 회담에 김정일의 장남 김정남까지 동석했다"고 보도하자 발끈한 것이다.

형제 권력다툼에 옐로카드 꺼낸 오스트리아

후계구도 구축 과정에서 김정남에 대한 위해 시도가 있었다는 보도는 2004년에도 나왔다. 연합뉴스는 12월 19일자 보도에서 "김정일 국방위원장의 장남 김정남이 11월 중순 유럽 지역을 방문 중 암살위기에 처했으나 오스트리아 정보기관의 밀착경호로 모면했던 것으로 알려졌다"고 전했다. 암살기도가 북한 내 반(反) 김정남 세력에 의해 시도된 것이란 정보였다. 오스트리아 내무부 반 테러국이 김정남에 대한 암살 정보를 포착한 후 현지에 주재하는 김광섭 북한 대사를 불러 관련 정보를 알린 뒤 암살기도가 중단돼야 한다는 오스트리아 입장을 강력히 전달했다는 것이다. 김광섭은 김정일의 이복동생인 김경진의 남편이다. 김정일이 후계자로 등극하고 권력을 잡으면서 계모인 김성애와 이복동생들을 모두 '곁가지'로 몰아 해외로 사실상 추방한데 따라 오스트리아에 장기체류해야 하는 신세가 됐다. 오스트리아는 자국 내에서 북한 황태자들의 피비린내 나는 권력싸움이 벌어지는 것을 원하지 않았다. 김광섭 대사에게 이를 통보하고 강력경고 한 것도 이런 맥락에서다. 외교가에서는 이 사건이 김정일과 고영희 사이에 태어난 김정철·김정은 형제의 추종세력이 김정남의 권력승계를 우려해 계획한 것이란 해석이 나왔다.

그러나 이같은 보도는 며칠 후 북측에 의해 부인됐다. 일본 세카이닛포는 12월 23일자 보도에서 빈 주재 북한 외교소식통의 말을 인용해 "김정일 국방위원장의 장남 김정남이 오스트리아 빈에서 암살위기에 처했다는 한국의 언론보도는 사실이 아니다"고 전했다. 이 소식통은 "보통 고위관리나 주요 인물이 평양에서 올 경우 대사관에 사전 연락이 오는데 당시 우리는 전혀 몰랐다"고 강조했다. 아예 김정남의 현지 방문 사실 자체를 부인하는 말도 나왔다. 빈에 나타난 김정남이란 인물이 가짜였을 가능성이 크다는 얘기였다. 암살기도 소식도 가짜 인물이 통신사에 흘린 정보로 보인다는 게 북측의 입장이었다.

하지만 이 사건은 6년의 시간이 흐른 뒤 다시 세간의 관심을 받게 됐다. 중앙선데이는 2010년 6월 6일자에 오스트리아 암살 기도 사건을 거론했다. 이 신문은 "(우암각 사건이 벌어지기) 5년 전인 2004년 10월에도 김정남 씨는 동생 김정은에게 비슷한 두려움을 느꼈다고 한다. 당시 오스트리아의 이종사촌 누이 김옥순을 방문하고 있던 김정남 씨에게 오스트리아 당국은 '당신을 암살하려는 북한인의 계획을 파악했다'고 통보한 것이다. 그런 경험 때문에 우암각 사건이 발생했을 때 김정남 씨가 느끼는 공포는 컸을 것이라고 정보 소식통은 전했다"고 보도했다. 그때부터 김정남의 머릿속에 해외 망명이라는 단어가 떠오르기 시작한 것으로 보인다는 해석이었다.

김정남의 해외 망명설은 그가 2001년 5월 일본 공항에서 위조 여권 사용혐의로 체포됐을 당시에도 불거졌다. 당시 김정남의 이모 성혜랑이 일본 주간문춘과의 인터뷰에서 밝힌 내용은 김정남과 그의 아버지 김정일의 관계를 엿보게 한다. 성혜랑은 "후계 싸움에 따른 망명설은 100% 이해할 수 없다"며 가능성을 부인했다. 김정남에게 있어 김정일은 곧 세계이며 전부인 존재였기 때문이란 설명이다. 성혜랑은 "망명설은 말이 되지 않는다는 걸 자신 있게 말할 수 있다"고 강조했다.

"후계는 오직 아버님만이 결정"

한때 김정일 정권의 후계자 후보 선두였던 이복형 김정남의 별장을 김정은이 급습한 우암각 사건이 있기 석 달 전인 2009년 1월 24일. 설을 맞아 중국 대륙이 긴 휴식에 들어간 이날 평양발 고려항공편으로 베이징 국제공항에 나타난 김정남은 일본을 비롯한 외국 언론의 스포트라이트를 한 몸에 받았다. 가죽점퍼에 선글라스를 쓴 차림새인 그는 입국과정에서 곧바로 노출돼 기자들에게 둘러싸였다. 그는 극히 이례적으로 북한 후계문제에 대해 입을 열어 비상한 관심을 모았다. 아버지 김정일이 뇌졸중으로 쓰러진 지 5개월 지난 당시는 동생 김정은이 후계자로 급부상하던 시점이다. 후계문제와 관련한 질문에 김정남의 답변은 간명했다. 그는 "그건 단언할 수 없습니다. 그런 문제는 아버님(김정일)께서만이 결정하실 수 있습니다"라고 말했다. 평양 말투를 섞어 쓰던 그는 이날 서울 표준어로 또박또박 대답했다. 어디론가 휴대전화 통화를 한 김정남은 곧바로 택시를 타고 베이징 시내 5성급 쿤룬호텔로 이동했다. 이곳에서도 그를 기다리는 기자들이 진을 치고 있었다. 김정남은 "(후계자 문제에) 나는 관심이 없다"고 선을 그었다. 특히 이복동생 김정은이 후계자로 지명됐다는 설과 관련해 "어떤 정보도 갖고 있지 않다"고 말했다. 그는 "동생에게 물어보라"고 답을 피했다. 마치 자기는 상관 않겠다는듯한 투로 해석됐다. 하룻밤 방값이 한국 돈 50만 원 정도인 이그제큐티브 딜럭스 룸에 묵은 김정남은 로비에 지키고 섰던 기자들을 따돌리고 이튿날 행적을 감췄다.

하지만 후계문제와 관련한 김정남의 몇 마디 언급은 여러 관측을 낳았다. 그가 북한 후계와 관련해 서방 기자들 앞에서 입을 열 수 있다는 것 자체가 흥미로운 대목이었다. 특히 후계문제를 단언할 수 없고 아버지 김정일만이 결정한 문제라는 말을 한 배경에 관심이 쏠렸다. 동생 김정은이 후계자로 거론되지만 '아직 결정되지 않은 상태가 아니지 않느냐'라는 뉘앙스가 담긴 것이란 해석도 나왔다. 또 외국 언론의 보도 등을 통해 이런저런 이야기가 나오고 있지만 무엇보다 김정일의 최종 결정이 중요하다는 뜻을 강조하려 한 것으로 풀이됐다. 대세가 김정은 쪽으로 기울고 있는 상황이었지만 후계구도에 대한 미련을 버리지 않고 있던 게 아닌가 하는 관측이 나온 것도 김정남의 이런 태도 때문이었다. 김정남은 김정일의 건강문제와 관련한 기자들의 질문에 "그런 정보가 있다 해도 내가 얘기할 수 있는 입장이 아니다"라고 말했다. 김정일의 건강상태에 대해 공개적으로 언급을 한 건 그가 처음이었다. 김정남이 '김정은 후계설'에 대해 "동생에게 물어보라"는 입장을 밝힌 건 후계구도에서 밀려난 상황에 대한 불만을 토로한 것으로 관측됐다. 동생에 대해 불편한 감정을 느끼고 있음을 은연중에 드러낸 것이란 얘기다.

당시 김정남을 취재했던 일본 기자는 "미리 답변을 준비한 것 같았다"고 말했다. 현장 기자들이 이런 느낌을 받은 건 김정남이 외국 언론에 의도적으로 자신을 노출시켜 후계문제와 관련한 자신의 생각을 전달하려 한 정황이 감지된 때문이다. 이날 베이징에 도착한 평양발 북한 고려항공기에는 김정남 외에 또 한 사람의 주요 인사가 타고 있었다. 왕자루이 중국 공산당 대외연락부장이다. 외국 인사로는 처음으로 뇌졸중 발병 이후 김정일을 만나고 나오는 길이었다. 왕자루이의 방북결과를 취재하기 위해 베이징 공항에는 외신기자들이 카메라 초점을 맞추고 고려항공기 트랩과 입국장을 지키고 있었다. 언론의 관심이 집중된 왕자루이와 같은 비행기에 타고 나올 경우 노출이 불가피하다는 걸 김정남이 모를 리 없었다. 이 때문에 그의 언론접촉이 후계구도에서 밀려난 자신의 존재감을 회복하려는 의도된 행동이란 평가가 나왔다. 또 후계구도와 관련한 결정권이 여전히 아버지에게 있으며 아직 확정된 것은 없다는 메시지를 외국 언론을 통해 북한 안팎에 전한 것이란 분석도 제기됐다. 오랜 외국 생활 때문에 권력 구도 등 북한을 둘러싼 국제 사회의 분위기를 알고 있는 김정남으로서는 자신에게 유리한 쪽으로 언론 플레이를 했을 가능성이 있다는 것이었다.

5~6년 동거한 성혜림보다 28년 산 고영희 선택

김정남의 공항 발언이 후계구도와 관련해 그의 존재를 다시 한 번 각인시키는 효과를 거둔 건 분명했다. 김정남의 후계 가능성을 완전히 배제할 수 없다는 등의 관측이 만만치 않게 나왔다는 점에서다. 특히 후계 문제와 김정일의 건강 같은 가장 민감한 사안에 대해 이런저런 자신의 생각을 외국 언론 앞에서 쏟아낼 수 있다는 건 김정남이 북한 권력 내에서 일정한 지위를 갖고 있는 것이란 분석을 가능케했다. 수시로 베이징과 평양을 왕래하고 왕자루이 부장과 함께 움직이는 동선을 택할 수 있다는 건 김정남이 김정일을 비롯한 북한 권력 핵심부와 여전히 소통하고 있다는 것을 보여줬다.

북한 권력 내에서 김정남의 역할을 보여주는 보다 결정적인 정황도 있었다. 김정일의 건강이상설이 최고조에 달했던 2008년 10월 말 김정남의 프랑스 파리 출현은 비상한 관심을 모았다. 그가 만난 사람이 다름 아닌 프랑스의 뇌신경외과 전문의인 사실이 파악된 때문이다. 일본 후지TV의 뉴스네트워크인 FNN은 10월 27일 "김정일의 장남 김정남이 지난주 프랑스 파리를 방문해 한 뇌신경외과 전문의를 만났으며, 이후 이 의사가 평양으로 떠났다"고 보도했다. 김정남이 파리 시내 뇌신경외과 병동에 들어갔다가 약 2시간 만에 병원에서 나오는 모습을 방영하기도 했다. 또 김정남에게 김정일의 병명과 병세를 묻는 모습과 함께 이에 대해 침묵으로 일관하는 김정남의 표정을 전했다. 김정남은 자리를 떠나며 기자들에게 미소를 지으며 손을 흔들기도 했다. 흥미로운 대목은 김정남과 면담한 것으로 알려진 프랑스인 의사가 이틀 뒤 유네스코 주재 북한대표부 소속 승용차를 타고 샤를 드골 국제공항으로 이동했다는 점이다. 이 의사는 "김정일의 치료를 위해 가느냐"는 질문에 "베이징으로 간다"고만 답했다. 또 "평양으로 가느냐"는 취재진의 질문에도 부정하지 않았다. 김정남이 아버지의 건강문제를 챙기기 위해 직접 프랑스까지 와 의사와 접촉할 수 있다는 사실은 그가 김정일의 눈 밖에 났다는 일각의 관측을 완전히 뒤엎는 것이었다. 김정남이 오히려 아버지의 심각한 병세를 진단하고 치료하는 일에 핵심적으로 관여하고 있음을 보여주는 것일 수 있다.

김정일 유고상황에서 이뤄진 김정남의 행보는 더욱 부각됐다. 김정일이 만일 후계로 내정된 김정은 카드를 쓰기 여의치 않다고 판단되거나 김정은의 신상에 변고가 생겼을 경우 김정남을 최종 낙점할 가능성도 배제할 수 없다는 얘기도 일각에서 흘러나왔다. 생모 성혜림이 김정일과 정혼한 사이가 아니지만 김정남의 경우 장남으로서 핏줄이 있으니 좀 봐줄 수 있지 않느냐 하는 정서가 북한 권력 내부에 있는 것 같다는 정보 관계자의 언급도 가세했다. 황장엽 전 북한 노동당 비서가 2008년 9월 "김정남이 후계자가 될 가능성이 가장 높다"며 "중국이 그를 지속적으로 관리해 왔고 김 위원장의 매제인 장성택의 후원도 받고 있기 때문"이라고 말한 사실도 뒤늦게 회자됐다.

김정일이 여전히 장남인 김정남을 자신의 후계자 수업 리스트에 올려놓고 테스트를 하고 있는 것이란 분석도 제기됐다. 김정남이 비교적 자유분방하게 유럽과 중국 등지를 여행하고 있는 것도 김정일이 부여한 모종의 미션을 수행하는 과정이란 해석이었다. 그가 북한 바깥에 체류하면서 직접 체감하는 생생한 국제정세나 경제관련 정보를 김정일에게 직보하고 있는 것이란 첩보도 서울의 정보당국은 주목했다. 대북사업 관계로 마카오에서 김정남과 접촉을 시도한 한 해외교포 인사는 "김정남이 달러를 벌어들일 수 있는 사업에 관심이 많은 느낌을 받았다"고 말했다. 김정남이 한국의 재벌급 기업과 선이 닿을 수 있는 방법을 문의하면서 현대그룹 외에 상당한 규모의 대북투자를 새로 할 수 있는 쪽이 있는지 타진해 달라는 요청을 했다는 것이다. 김정남이 평양과 베이징·홍콩·마카오 등지를 오가며 일종의 무역업무에 종사하고 있다는 소문은 이어졌다. 특정기관에 소속돼 있지는 않지만 북한의 정보기관인 국가안전보위부 산하 신흥무역회사와 연계해 컴퓨터와 관련 부품, 비료·밀가루 등을 해외에서 수입해 이윤을 남기고 되파는 사업을 하고 있다는 것이다. 2008년 4월 김정남과 함께 평양행 비행기를 탔었다는 한 인사는 "고려항공 비즈니스석에 탑승한 김정남은 1시간 30여 분 비행 내내 컴퓨터 수입과 관련한 서류를 읽고 있었다"고 전했다.

물론 정부 당국과 전문가들은 김정은이 사실상 후계자로 낙점됐기 때문에 김정남이 후계자 후보군에서 완전히 멀어져 가능성이 없는 상황이라는 데 무게를 둔다. 김정일 입장에서 정혼을 하지 않고 동거상황에서 낳은 아들을 내세우기 쉽지 않은데다 북한이 국제사회에 톡톡히 망신을 사는 결정적 계기를 만든 장본인이란 점에서다. 김정일이 성혜림과 산 기간은 5~6년에 불과하기 때문에 김정일로서는 28년간을 부부로서 함께 산 고영희와의 관계에 더 무게를 둘 것이란 전망도 대두했다.

_____ '김정은 후계자격 없다' 소문내는 김정남

김정남이 다시 언론에 노출된 것은 2010년 6월 4일에 가진 중앙선데이와의 인터뷰에서다. 20대 여성과 마카오 호텔에서 식사를 마치고 나오다 서울에서 그를 추적하러 간 기자

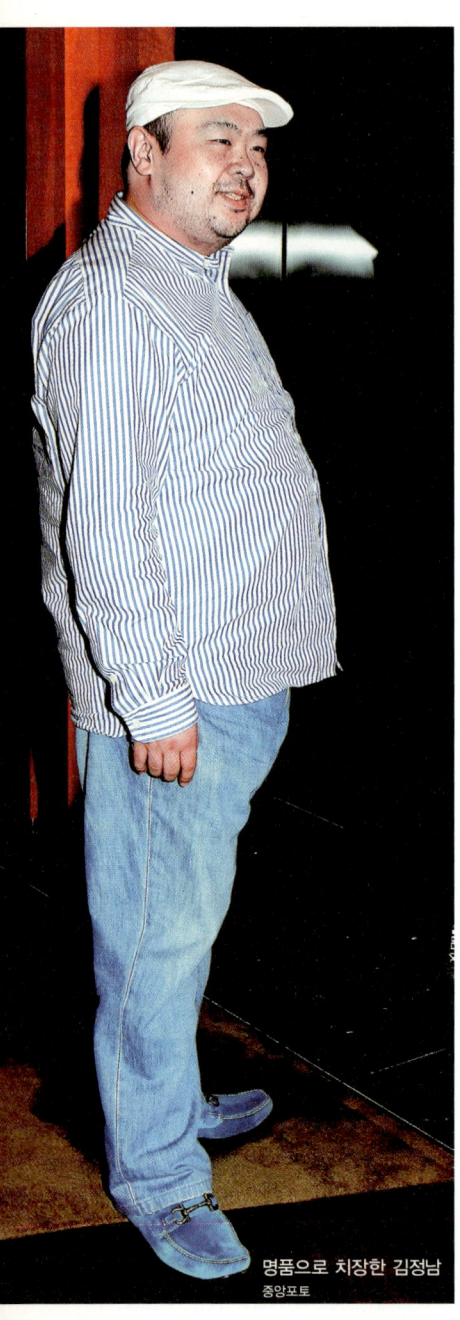

명품으로 치장한 김정남
중앙포토

와 마주친 그는 '모자에서 신발까지 명품으로 치장하고 다닌다'는 교민들의 전언처럼 최신 유행의 랄프로렌 셔츠, 페라가모 스웨이드 로퍼에 헌팅캡 등으로 한껏 멋을 낸 차림이었다. 전형적인 '아메리칸 캐쥬얼' 스타일이다. 이틀 뒤 전신사진과 함께 기사가 나가자 모자·셔츠·청바지·신발까지 블루 톤으로 색상을 통일한 그의 패션 감각은 상당기간 사람들의 입에 오르내렸다.

김정남은 서울에서 왔다는 기자의 소개에 간단한 인사만 나눈 채 자리를 뜨려다가 "남쪽 기자는 처음 만납니다. 지금까지 일본 기자는 좀 만났지만…"이라며 인터뷰에 응했다. 이 자리에서 그는 김정은의 출생배경과 관련한 기자의 질문에 "뭔 얘긴지 전혀 모르겠다"며 답을 피했다. "동생 김정은이 김옥 여사의 아들이란 말을 하고 다닌다더라"는 중앙선데이 기자의 질문에 대한 반응이었다. 김정은이 고영희의 아들이 아니라 고영희 사망 이후 김정일의 부인 역할을 하고 있는 김옥의 소생이란 풍문에 대한 문의였다. 이 신문은 서울의 고위 정보 소식통을 인용해 "김정은의 생모가 김옥이라는 사실은 북쪽 지도부 안에서도 아주 제한된 사람들만 아는 내용"이라며 "이게 널리 알려지면 김정은이 김씨 가문의 혈통을 정통으로 계승하지 못한 인물이 되는 것"이라고 보도했다. 김옥이 김정은의 생모라는 설은 북한의 후계구도가 뒤틀릴 수 있는 왕가 혈통의 비밀이란 것이다.

이 주장에 따르면 김옥은 평양음악무용대학을 졸업한 1980년께 기쁨조로 발탁됐다. 김일성·김정일 부자의 궁중비밀 파티에 동원되거나 애첩역할을 해야 하는 조직인 기쁨조는 미모와 건강 등을 갖춘 극소수의 젊은 여성만 선발되는 것으로 탈북자들은 전하고 있다. 김옥은 곧 김정일의 건강관리 담당 서기가 됐고 내연의 관계로 발전했다. 김옥은 84년 남자 아이를 출산했는데, 이 아이가 김정은이란 얘기다. 이 아이가 고영희의 아들로 꾸며지고, 맡겨졌다는 게 김정은 출생 비밀설의 개략적인 줄거리였다. 김옥은 고영희 생존 시에도 김정일의 해외 방문을 수행하고 자녀들의 사생활을 도와왔다는 것이다. 또 고영희 사후 김옥이 사실상 퍼스트레이디 역할을 하고 있는 것은 이런 관계 때문이라는 설명이다. 김옥은 김정일 서기실 부부장 및 국방위원회 간부로 임명됐으며 당·군 인사에도 관여한다는 설이 제기될 정도로 영향력이 커졌다고 한다. 이런 '천기'를 알고 있는 김정남은 우암각 사건을 당한 2009년께부터 마카오의 지인 등에게 김정은을 "멍청한 어린애"라고 비꼬며 '후계 자격이 없다'는 식의 말을 흘리기 시작했다는 것이다.

하지만 국가정보원을 비롯한 한국의 대북부처 핵심 관계자들은 "사실로 확인되지 않은 내용"이라고 입을 모은다. 대북 정보 담당자는 김정은이 김옥의 소생이란 소문에 대해 "김옥은 90년대 들어서도 김정일의 공개활동에 동행했고 관련 모습이 92년 2월까지도 선전화보 등에 등장한 것으로 파악하고 있다"며 "김옥이 김정일의 아들을 낳았다면 그런 식으로 얼굴을 드러낸다는 건 난센스"라고 말했다. 김정은이 고영희의 아들이란 점은 확증된 사실이란 얘기다. 40대인 김옥의 나이를 감안할 때 84년 생으로 파악되고 있는 김정은을 낳기에는 너무 이르다는 관측도 있다. 김정남도 인터뷰에서 "그런 (김정은이 김옥 소생이라는) 말을 한 적이 없다"고 부인했다. 중앙선데이는 김정남이 자신의 발언을 부인하는 건 어쩔 수 없는 선택이라고 풀이한다. 김정남이 해외 언론과 마주칠 기회가 있을 때마다 '후계 문제에 관심이 없다. 조용히 살겠다'는 의미로 읽히는 언급을 반복한 건 평양에 보내는 자기보호용 메시지였을 뿐이란 것이다. 하지만 속으론 동생 김정은에게 당했다는 생각에 분을 삭히지 못하고 신정희·이혜경·서영라 등 부인과 내연녀, 오스트리아에 사는 이종사촌 누나 김옥순 같은 사람들에게 본심을 털어놓았다는 것이다. 김정은이 김옥의 아들이라는 소문은 2010년 9월 28일 3차 노동당 대표자회에서 김정은이 공식 등장한 며칠 뒤 정부 핵심 당국자에 의해 다시 한 번 부정됐다. 이 당국자는 "김옥이 19~20세에 김정일을 만나 애를 낳

앉다는 얘기인데 그렇게 일찍 김정일 곁에 있었을지 모르겠다"고 말했다.

김정남이 아버지 김정일의 절대 권력에 도전하는 듯한 민감한 언급도 쏟아내고 있다는 이야기도 나온다. 김정남이 "아버지(김정일)가 치매 증상을 나타내기 시작해 더는 업무를 잘 보지 않는다. 나를 혼낼 사람도 이젠 기진했다"고 말했다는 것이다. 또 "과거 아버지가 모든 일을 보실 때는 (북한이) 아무리 강경해도 모종의 메시지가 있었는데 지금은 도대체 뭐가 뭔지 알 수가 없다"고 했다고 한다. 김정남이 "북한이 외부에 대고는 문제가 없는 척하지만 사실은 상황이 통제 불능이다. 군과 보위부 등이 각자 충성 경쟁한답시고 서로 열을 내지만 아무 내실이 없다"고 비판한 내용도 마카오에 떠돌아다닌다는 것이다. 김정남은 고모부인 장성택에 대해서도 "장성택이 권력 술수는 뛰어나지만 지금은 군부가 하자는 대로 따라가는 형국이다. 지금 장성택이 이렇다 할 변화를 추구하지 않는 것은 아버지가 살아있기 때문이다. 하지만 아버지가 안 계시면 모든 것을 쓸어버리고 자기 중심의 집단지도체제를 만들려 할 것이다. 김정은이도 장성택이 내세우고 있는 것이고 사실상 장성택 앞에서는 까불 수 없다. 아버지가 내일이라도 죽으면 김정은은 끝난다"는 말을 했다고 한다. 또 "북의 장래를 10년 전만 해도 바로잡을 수 있을 것이라고 생각했었는데 지금은 매번 갈 때마다 느끼는 바가 다르다. 앞으로 5년이 변수라고 생각한다"는 언급도 했다는 얘기다.

김정은 형수는 연예인 출신 명품족

김정남은 스스로를 '떠돌이' 또는 '방랑자'라고 부르고 있다고 한다. 후계자 문제에서 일찌감치 동생들에게 밀려난 데다 평양으로 돌아가지 못하고 마카오 등지를 떠도는 자신의 신세를 표현한 말이란 것이다. 그는 마카오와 베이징을 오가며 지내고 있다. 마카오에서는 지난 3년 동안 집을 두 채나 더 살 정도로 호화로운 생활을 즐기고 있다. 현지 교민들은 1990년대부터 살던 타이파 섬 해변가 빌라에는 요즘 김정남이 거의 살지 않고 주말 별장으로만 이용한다고 전하고 있다. 그 대신 마카오 항구 근처에 있는 330㎡(100여 평)의 아파트에서 그의 부인·아들과 함께 산다. 부인은 북한 연예인 출신으로 빼어난 미모에 명품족으로 알려져 있다. 부인을 목격한 적이 있는 사람들은 그녀가 온몸에 프라다와 구찌 등 세계 최고의 명품으로 치장하고 있었다고 전하고 있다. 김정남은 집을 자주 옮기는 것으로 알려져 있는데 이는 가족들의 신변안전을 위한 것으로 전해지고 있다.

그는 지인들과 와인을 즐긴다고 한다. 보통 한 병에 한국돈 50~100만 원 하는 프랑스산을 자주 마신다는 것이다. 과거 경호원을 데리고 다니기도 했지만 최근에는 개인적으로 활동하는 경우가 더 많다고 한다. 2006년 이전에는 자신의 고모부이자 후원자로 알려진 장성택 국방위 부위원장과 함께 마카오를 찾는 경우도 많았다.

해외 떠도는 곁가지들

　　후계 경쟁에서 패한 뒤 더욱 심해진 김정남의 유랑생활은 1970년대 김정일이 김일성의 후계자로 지위를 굳혀가면서 이복동생들이 겪어야 했던 상황과 유사한 대목이 적지 않다. 김정일의 생모이자 김일성의 본처인 김정숙은 49년 9월 32세의 나이에 출산과정에서 숨졌다.

김일성의 타자수 출신인 김성애는 53년 김일성과 결혼한 후 2남1녀를 두었다. 하지만 김정일이 80년대 들어 후계자로 본격적으로 군림하면서 이른바 '곁가지'(김정숙 소생을 본가지로 칭하는데 비해 후처 김성애의 자녀들을 가르키는 표현)로 분류돼 사실상 은둔의 삶을 강요당했다. 김성애는 74년 6월 이른바 '평양시당 전원회의'사건 이후 모습을 감췄다. 71년 김성애가 북한의 여성들을 아우르는 조직인 여성동맹위원장으로 부상하면서 막강한 권력을 휘두르자 김정일은 이를 경계했다. 김정일 측근들은 김성애의 존재가 후계체제에 걸림돌로 작용할 수 있다는 판단에 따라 73년 9월 그녀와 측근 실세들의 월권행위와 비리를 캐내 전원회의에서 김성애 세력을 집중 비판했다. 이 회의에서 당시 해군사령부 정치위원이던 김성애의 친동생 김성갑 등의 문제점이 집중 공격대상이 됐고 김일성은 어쩔 수 없이 김성애에게 근신조치를 내려야했다. 김성애는 94년 6월 지미 카터 전 미국 대통령의 평양방문 때 북한 퍼스트레이디 자격으로 20여 년 만에 등장했다. 하지만 한 달 후 김일성이 사망하면서 97년 7월 김일성 사망 3주기 행사에 참석한 이

후 행적이 묘연하다. 김성애가 김일성과 사이에 낳은 장남 김평일은 평양으로 돌아가지 못하고 동구권 지역 대사를 떠돌고 있다. 딸 경진 역시 북한 땅을 밟지 못하고 오스트리아 대사인 남편 김광섭과 함께 20년 가까이 빈에 머물고 있다. 차남 영일은 외교관으로 해외공관에서 근무하다 2000년 5월 독일에서 45세로 병사했다.

북한 당국의 철저한 통제 속에 김정일 이복동생들의 삶은 베일에 싸여 있다. 이런 상황에서 김평일의 경우 2007년 폴란드에서의 활동을 담은 생생한 사진이 공개돼 화제가 되기도 했다. 그해 2월 폴란드 현지에서 사진 전시회와 체육행사에 참석하고 한 무역회사와 공장·민속박물관 등을 돌아보는 장면은 폴란드 나레프시(市) 홈페이지(www.narew.gmina.pl)에 올랐다. 마치 서방 외교관의 일상적인 활동을 다루듯 지구상의 아주 특별한 체제인 '조선민주주의인민공화국'의 몰락한 로열패밀리를 다루는 바람에 김평일의 생활 단면이 드러난 것이다.

방한복에 모자를 쓴 김평일은 굳은 표정이었다. 동행한 그의 아들 인강과 딸 은송이 눈

오른쪽부터 김평일, 딸 은송, 아들 인강

길을 끌었다. 서구형의 세련된 외모를 갖춘 은송은 대사관 직원들이 노래를 하는 동안 일제 카시오 전자오르간을 연주했다. 또 아들 인강은 북한팀이 우승한 탁구경기에 선수로 참가했다. 김평일은 해외 공관장 직무를 수행하면서도 외부노출을 꺼려왔기 때문에 언론에 그의 모습이 구체적으로 공개된 것은 극히 이례적인 일이다. 특히 그의 자녀들의 모습은 처음 파악됐다. 은송과 인강의 모습이 공개되자 서울의 인터넷에서는 '평양의 얼짱 로열패밀리'라는 평가와 함께 한동안 화제가 됐다.

이복 형인 김정일이 후계자 지위를 차지하면서 견제대상이 된 김평일은 88년 헝가리 대사를 시작으로 불가리아·핀란드 대사를 거쳐 98년부터 폴란드 대사를 맡았다. 오랜 해외체류에도 불구하고 김평일은 김일성을 쏙 빼닮은 외모와 언행으로 주목받았다. 특히 군대경험이 없는 김정일과 달리 요직인 인민무력부 작전 부국장을 지낸 대좌(한국군의 대령)출신이라 한때 일부 북한 전문가들 사이에서 김정일 유고 시 군부의 지지를 받는 후계자로 부상할 것이란 관측도 제기됐다. 정부 당국은 김평일이 평양 공관장 회의 등을 제외하곤 거의 북한에 들어가지 못하는 것으로 파악한다. 또 김정일의 확고한 권력기반으로 미뤄볼 때 북한 후계구도의 변수로 작용하기는 어려울 것이라고 본다.

SUCCESSOR KIM JONG-UN

6

후계자 띄우기로 들썩이는 공화국

_____ 불꽃놀이 축포 대동강을 수놓다

평양 대동강 일대는 불야성이었다. 김일성의 98회 생일을 하루 앞둔 2010년 4월 14일. 대동강변에 솟은 170m의 주체사상탑을 중심으로 전야제 형태의 불꽃놀이가 진행됐기 때문이다. 김일성 생일을 지칭하는 '태양절 축포야회'로 이름 붙여진 행사에는 수만 발의 폭죽이 쏘아 올려졌고 레이저쇼가 어우러졌다. 첨단 영상장비로 강물 위에 김일성·김정일 찬양 문구와 김정일화(花)가 비치는 특수효과도 연출됐다. 같은 날 대장 4명을 포함한 100명의 군 장성 무더기 승진과 대규모 화력시범 참관 장면 공개와 맞물리면서 생일 축하 분위기를 달궜다. 북한 주민들이 대동강변 둔치에 빼곡히 들어찬 가운데 열린 야회 장면은 TV로 녹화 중계됐다. 행사가 절정에 달하자

관영 조선중앙TV 아나운서는 흥분한 목소리로 "위대한 장군님의 불멸의 강행군 길에 척척척 발걸음을 맞추자"고 외쳤다. '척척척 발걸음 맞추자'는 김정일의 후계자로 내정된 셋째 아들 김정은을 찬양하는 합창곡 가사의 핵

심 대목을 그대로 내보낸 것이다. 이 때문에 태양절 불꽃놀이가 94년 7월 사망한 할아버지 김일성을 추모·찬양하려는 후계자 김정은의 주도로 이뤄진 것이란 관측이 나왔다. 엄청난 규모의 불꽃놀이를 향후 김정은의 '효심'과 함께 통 큰 지도자의 이미지를 구축하려는 소재로 삼으려 하는 것이란 분석이었다.

불꽃놀이가 벌어진 이틀 뒤 국가정보원은 몇몇 언론에 자료를 돌렸다. 북한의 불꽃놀이와 관련한 비교적 구체적인 정보사항이 담긴 문건이었다. 이 정보자료에는 "북한이 연초부터 중국 등으로부터 무려 60톤이 넘는 폭죽을 사들였으며 외국 전문가를 초청해 기술 지도까지 받은 것으로 파악되고 있다"는 내용이 담겼다. 또 불꽃놀이 효과를 높인다며 북한 당국이 행사장 주변 지역에 전기 공급을 한동안 중단한 점도 파악됐다. 자동차 운행도 통제했고 엄격한 소지품 검사에 카메라 휴대까지 금지시켜 외국관광객을 포함해 곳곳에서 실랑이가 벌어진 것으로 파악됐다. 모두 대북 정보망을 통하지 않고서는 파악하기 어려운 첩보였다. 북한이 4월 행사를 위해 새해 벽두부터 치밀한 준비를 해왔다는 점을 자료는 밝히고 있다. 국정원은 북한이 이 불꽃놀이에 쏟아 부은 돈이 540만 달러(60억 원) 이상인 것으로 추산했다. 이런 내용이 언론을 통해 보도되자 즉각 북한의 호화판 불꽃놀이에 대한 비판여론이 남한 내부에서 일었다. 1월 북한이 남측에 지원을 요청한 옥수수 1만 톤의 구입 비용이 40억 원 수준이었다는 점도 거론됐다. 당국자는 "호화판 불꽃놀이를 벌이면서 식량난에 시달리는 주민들이 먹을 옥수수는 남측에 손을 내밀고 있다"고 꼬집었다.

며칠 뒤 이명박 대통령은 북한의 과소비형 불꽃놀이에 "나는 북한이 좀 정신을 차려야 한다고 본다"며 직격탄을 날렸다. 4월 20일 청와대에서 열린 민주평통 북미주 자문위원들과의 다과회에서다. 이 대통령은 특히 백성들은 어려운데 60억 원을 들여 (김일성) 생일이라고 밤새도록 폭죽을 터뜨린 데 대해 문제를 제기했다. 그 돈으로 옥수수를 사면 상당한 양을 살 수 있지 않겠느냐는 얘기였다. 이 대통령은 "나는 북한이 바르게 가야 한다고 본다"며 "세계 고급 승용차를 수입해 (주요 간부들에게) 선물했다고 한다. (북한이) '폭죽을 쏘려고 했는데 국민이 어려우니 안 쏘겠다'고 했으면 얼마나 좋겠나. 참으로 안타깝다"고 토로했다.

북한은 즉각 반발했다. 북한의 대남기구인 조국평화통일위원회가 운영하는 온라인 매체 '우리민족끼리'는 4월 22일 이명박 대통령의 비판에 대해 "우리의 존엄을 모독한 값을 톡톡히 치르게 될 것이며, 이제 그것을 직접 맛보게 될 것"이라고 비난했다. 이 매체는 '대결에 환장이 된 자의 얼빠진 망발'이란 제목의 논평에서 이 대통령의 실명을 거론하고 '역도' 등의 거친 표현을 써가며 위협했다. 그러면서 김일성 생일 전야의 '축포야회'에 대해 "수 천 년 민족사에 처음 맞이하고 높이 모신 절세의 위인들에 대한 온 나라 전체 인민의 다함없는 열렬한 흠모와 칭송이자, 인민들의 행복상을 온 세상에 과시한 대서사시적 화폭이고 영광 찬란한 불멸의 시대적 송가"라고 찬양했다. 북한이 이 대통령을 비난하면서 '존엄을 모독한 값'이라고 표현한 대목은 북한 분석가들의 눈길을 끌었다. 김일성의 생일잔치를 비판한 것을 염두에 둔 것일 수도 있지만 북한 대남전략가들로서는 김정은에게 불똥이 튀는 걸 의식했기 때문에 더욱 극렬한 반응을 보인 것이란 얘기다. 화려한 불꽃놀이를 통해 후계자 김정은의 영도력과 효성을 주민들에게 선전하려던 계획이 자칫 이 대통령의 '옥수수' 발언으로 차질을 빚지 않을까하는 생각이 깔려있다는 분석이었다. 불꽃놀이 비판 언론보도에 이어 이 대통령의 지적에 북한이 발끈하자 정부 내에서는 "국정원이 오랜만에 북한에 한방을 먹였다"는 지적이 나왔다.

_____남아공 월드컵 깜짝 등장 시나리오

　　　　2010 남아공 월드컵은 김정은을 후계자로 띄우기 위한 최상의 아이템이었다. 본선에서 선전할 경우, 이를 후계자 김정은의 공적으로 돌려 후계구축을 다지려는 준비작업 차원에서 월드컵 출전 준비와 TV중계 등이 치밀하게 준비된 것이다. 연초부터 한반도 독점 중계권을 가진 SBS와 화면제공 협상을 벌이던 북한은 3월 천안함 사태에도 불구하고 화면을 제공해 달라고 절박하게 요청했다. 막판까지 합의를 시도한 것도 TV 중계가 꼭 필요했기 때문이란 해석이다. 서울의 정보당국은 북한이 월드컵을 김정은 후계문제와 밀접하게 연관시키

고 있는 구체적인 정황을 포착했다. 예선전부터 축구경기를 끝내고 숙소로 돌아가는 북한 선수들이 김정은 찬양가요인 〈발걸음〉을 합창한다는 첩보도 파악했다. 이명박 정부가 남아프리카공화국 월드컵과 관련해 경기 중계 화면을 북한에 무상으로 제공하는 것을 허용하지 않기로 방침을 정한 이유 중 하나도 바로 이런 점을 간파한 때문이다. 통일부는 월드컵을 앞두고 "경기 화면 대북 송출은 기본적으로 한반도 지역 중계권을 가진 SBS측의 결정사항"이라고 말하면서도 "국제사회의 규범에 맞는 협상 절차에 따른 적절한 대가를 북한이 지불해야 한다"고 강조했다. 천안함 도발 등 북한이 호전적 태도를 누그러뜨리지 않는 상황에서 화면제공은 불가하다는 것이었다. 노무현 정부 시절인 2006년 독일 월드컵 때는 정부가 북한의 요구대로 경기 화면을 무상 제공했다. 위성사용료 등 1억 5000만 원을 남북협력기금과 방송발전기금에서 충당했다. 또 월드컵뿐만 아니라 각종 국제경기에 참여하는 북한 선수단에 경기용품과 소요 경비 등을 지원했다. 하지만 이명박 정부는 북측에 유니폼이나 축구공 같은 물품도 제공하지 않기로 입장을 정리했다. 이전 정부와 달라진 태도에 북한은 실망한 표정이 역력했다고 한다.

월드컵 개막이 임박하자 김정은이 남아공 경기장에 깜짝 등장해 북한 팀을 응원할 것이란 소문도 돌았다. 정부 당국자는 "후계자에 대한 경호 문제 등을 감안하면 현실성이 낮은 이야기였지만 김정일 후계체제와 월드컵을 북한 당국이 어떻게든

연결시켜 보려하고 있음을 반영한 루머일 것"이라고 말했다.

하지만 월드컵을 체제유지와 김정은 후계구축에 호재로 삼으려던 꿈은 일거에 무너졌다. 6월 21일 열린 본선 두 번째 경기에서 포르투갈에 7:0으로 참패당하는 충격적 상황을 맞은 것이다. 44년 만의 본선 진출을 김정일 체제 결속과 화폐개혁 실패로 뒤숭숭한 민심 추스르기에 활용하려던 구상도 물거품이 됐다. 북한은 월드컵 사상 처음으로 포르투갈 전을 생중계했다. 앞서 남아공과 멕시코의 개막전 등은 하루 정도 시차를 두고 늦게 녹화 중계했다. TV 생중계를 결심한 배경은 알 수 없지만 결과적으로 주민들이 자존심이 상할 정도의 패배를 안방 TV로 생생히 지켜보는 상황

을 만들었다. 점수 차이가 벌어지자 TV 해설자가 도중에 말을 잃어버렸다. 종료 휘슬이 울리자 서둘러 중계를 마치는 등 충격이 그대로 드러나기도 했다. 정보당국에서는 세계 최강 브라질과의 선전에 자신감을 얻은 북한 권력층이 포르투갈 전 생중계라는 패착을 둔 것 같다는 분석이 제기됐다. 측근 간부들과 경기를 지켜봤을 김정일이 생중계 승부수를 띄웠던 노동당의 선전·선동 라인과 축구 관계자들에 대해 책임추궁을 할 것이란 관측도 일각에서 제기됐다. 각별한 관심을 쏟았던 월드

컵이 엉망이 됐다는 점에서다. 2009년 6월 월드컵 본선 진출권을 따내 귀국한 북한 선수단을 김정일은 평양 순안공항에서 대대적으로 환영토록 했다. 또 김정훈 감독 등 16명에게 평생 연금이 나오는 '인민체육인' 칭호를 수여했다. 외화부족 속에서도 선수단을 프랑스·터키 등지에서 전지 훈련을 할 수 있도록 배려했다. 북한 팀은 이 과정에서 매번 비즈니스 클래스를 이용했다. 월드컵이 코앞인 5월에는 물가가 비싸기로 유명한 스위스 휴양도시 바트 라가츠에서 마지막 담금질을 했다. 물론 국제축구연맹(FIFA)은 월드컵 본선 진출국에 100만 달러의 준비금을 줬다. 또 아시아축구연맹(AFC)은 월드컵 아시아 최종 예선 출전 팀당 3억 원 정도의 분배금을 보냈다. 북한은 세계적인 스포츠 용품업체와 유니폼 스폰서 협상을 맺었다. 하지만 이를 모두 더해도 북한의 해외 전지훈련 비용을 충당하기엔 턱없이 부족했다. 달러가 부족한 상황이지만 김정일이 특별 지시한 분야에는 아낌없이 지원되는 상황 때문에 가능한 일이었다.

_____ 사실로 드러난 '경기서 패하면 아오지 탄광'

미 ABC 방송과의 인터뷰에서 '매 경기 김정일 지도자로부터 직접 전술 조언을 듣는다'고 자랑했던 김정훈 감독은 포르투갈전 패배로 궁지에 몰렸다. '7:0 패배도 김정일 장군님의 지시냐'는 비아냥에 시달리게 된 것이다. 최고지도자에 대한 강도 높은 찬양선전이 오히려 스타일을 구겨버리는 모양새가 됐다는 점에서다. 3전 전패로 예선 탈락한 뒤 귀국한 김정훈 감독은 혹독한 처벌을 받아야했던 것으로 전해진다. 영국 대중지 더선(The Sun)은 8월 2일자에서 "김정훈 감독이 건설현장에 끌려가 하루 14시간의 중노동을 하고 있다"고 보도했다. 보도에 따르면 김 감독과 북한 선수들은 7월 2일 귀국 직후 평양 인민문화궁전에서 열린 사상 투쟁회의에 불려갔다. 노동당 조직지도부 부부장, 박명철 체육상 등 간부들과 400여 명의 당원들은 6시간 동안 김 감독과 선수들을 질타했으며, 회의 막판에는 선수들에게 김 감독 비판을 강요한 것으로 알려졌다. 결국 김 감독은 강제노동 처벌을 받았고, 노동당원 자격까지 박탈당했다는 것이다. 놀랍게도 이런 불이익을 받게 된 이유는 '김정일의 아들 김정은의 믿음을 저버렸다'는 것이다. 이 자리에 정대세 등 해외파 북한 선수들은 제외됐다고 한다. 정대세는 일본 귀국길에 외국 언론의 질문공세를 받았다. 하지만 평양에서 다른 동료선수들이 인민재판식의 반성행사를 가졌던 사실에 대해 부인하지 않았다.

남아공 월드컵을 후계체제 구축에 활용하려 했던 김정일은 북한이 무기력하게 3패로 탈락하자 격노했다고 한다. 특히 월드컵 사상 처음으로 생중계된 포르투갈전에서 7:0 참패를 당해 크게 노여워했다는 후문이다. 더선은 한국 소식통의 말을 빌려 "과거에는 형편없는 경기력을 보였을 경우 선수들과 코치가 감옥에 끌려가기도 했다. 월드컵에 대한 북한 정권의 높은 기대를 고려하면 그 정도 처벌은 가혹하지 않을지 모른다"고 덧붙였다.

'150일 전투'는 후계자 업적 챙겨주기

김정은의 업적을 챙겨주기 위한 주민동원도 지속적으로 이뤄졌다. 대표적인 건 북한의 협동농장과 공장·기업소 등을 중심으로 벌어진 노력경쟁 운동이다. 2009년 한여름 북한 전역에서는 생산증대 운동인 이른바 '150일 전투'의 열풍이 거셌다. 4월 20일 시작된 150일 전투는 표면적으로 생산 증대를 통한 내부 결속을 목표로 내세웠다. 북한이 공언한 2012년 '강성대국 진입'을 달성하기 위해 눈에 보이는 성과를 구체화하려는 것이란 분석이었다. 하지만 150일 전투가 경제 문제 자체에만 초점이 맞춰진 게 아니라는 첩보가 우리 관계당국에 잡혔다. 북한에서 각종 노력 경쟁 운동이 벌어진 때는 북한 권력 내부에 중대한 국면이 조성되거나 체제 유지를 위한 필요성이 제기된 시점인 경우가 많았다. 1970년대의 70일·100일 전투와 80년대 200일 전투가 대표적인 사례다. 150일 전투가 주목받은 건 이처럼 후계자 등장과 대규모 대중 동원 운동이 맥을 같이한다는 측면에서다. 각종 명분이 걸린 '전투'가 경제 발전과 후계체제 구축이란 두 마리 토끼를 쫓기 위한 치밀한 계산에 따른 것이란 점에서다. 여기에는 대규모 대중 동원을 통한 경제 분야의 선택과 집중을 통해 단기간에 경제적 성과를 꾀하고 이를 후계자의 통치기반 확보에 활용한다는 전략이 깔려 있다. 150일 전투의 경우도 김정일의 후계자로 김정은이 지명됐다고 하는 시점과 맞물려 있다는 점에서 주목받았다. 2008년 8월 건강이상을 일으킨 김정일이 2009년 봄 후계체제의 구축을 서두르는 과정에서 150일 전투가 탄생했다는 것이었다. 실제 대북 소식통들 사이에서는 "김정은이 150일 전투를 사실상 지휘하고 있다"는 소문이 돌았다. 이런 상황은 70년대 김일성의 후계자로 김정일이 지명되는 과정과 유사한 점이 많다. 김정일은 74년 2월 노동당 중앙위 5기 8차 전원회의에서 후계자로 내정된 후 "사회주의 경제건설의 모든 분야에서 속도전을 벌이자"고 제안했다. 당시 그가 주창한 70일 전투의 성과를 내세워 김정일은 이듬해 2월 공화국 영웅 칭호를 받는 등 후계자로서의 위상을 갖추기 위한 작업을 착착 진행한 것으로 전해지고 있다.

하지만 북한의 150일 전투 청사진은 계획대로 이행되지 못한 것으로 평가됐다. 74년 10월의 70일 전투 시작 당시 북한 언론들은 "대성공으로 끝나 11월, 12월의 공업 총생산액은 전년 같은 기간에 비해 148%, 152%로 증가했다"고 주장했다. 그러나 사회주의 국가와의 경제협력과 원조 등으로 상승기에 있던 70년대와 핵·미사일 문제 등으로 미국 등 국제사회의 대북제재 국면에 처한 2009년은 상황이 판이하다. 이런 현실적 한계를 절감한 때문인 듯 북한 당국도 150일 전투에 신중하게 접근했다. 북한은 150일 전투를 내부적으로 사전에 치밀하게 준비하면서도 이를 외부에 즉각 공표하지 않았다. 보름이나 지난 5월 4일 노동신문을 통해 150일 전투를 처음 언급함으로써 공식화됐다. 관영 매체를 통한 분위기 띄우기 외에는 그 실체나 구체적인 성과가 외부에 분명하게 드러나지 않은 점도 의심스런 대목으로 남았다.

_____새단장 나선 김정은 생가

월드컵 패배의 충격이 잊혀져 갈 즈음 평양 외곽에 있는 강동군에 후계자 김정은의 생가가 조성되고 있다는 소문도 북한 내부에서 흘러 나왔다. 북한 민주화 촉진 관련 활동을 벌이는 일본의 민간단체 '구출하자 북한 민중, 긴급행동 네트워크(RENK)' 이영화 대표는 7월 15일 언론과의 인터뷰에서 "북한이 김정은의 생가를 조성하고 있다는 정보가 입수됐다"고 밝혔다. 2009년 3월부터 군부 주도로 평양 중심부와 강동군을 잇는 철도 공사를 벌이다가 지난해 여름에 중단한 일이 있는데, 2010년 7월 철도 공사를 재개하면서 생가조성 공사도 함께 벌이고 있다는 말이었다. 이 대표는 "북한은 '김정은의 제1의 고향은 강동군이고, 제2의 고향은 원산'이라고 선전하고 있다고 한다"고 전했다. 북송 재일교포 출신 무용수였던 고영희가 처음 도착한 북한 땅이 만경봉호가 도착한 원산항이란 점에서다. 한국의 북한 전문 인터넷매체 데일리NK도 2010년 5월 13일 도쿄에서 개최한 한 세미나에서 "김정은의 생가가 있는 평양 강동군 향목리에서 주민을 다른 지역으로 이주시키는 사업이 벌어지고 있다"고 밝혔다. 김정은 생가와 평양 중심부를 연결하는 '1호 행사 철도 작업'도 진행 중이란 점도 공개했다. 1호 행사는 김일성이나 김정일과 관련한 행사를 말한다.

생가조성 주장에도 불구하고 김정은이 태어난 곳이 어디인지는 정확하게 밝혀져 있지 않다. 일각에서는 김정은의 생모 고영희의 별장인 평북 창성의 특각이 태어난 곳이라 이를 생가로 만들 것이란 주장도 있다. 생가조성 움직임과 관련한 북한의 정확한 의도 등 사실 관계를 규명하기 쉽지 않다는 얘기다. 하지만 김정은 후계구축이 추진되고 있는 상황에서 생가조성은 당연한 수순이라는 분석도 제기된다. 김일성은 평양 만경대구역에 있는 자신의 생가를 '만경대 생가'로 명명하고 우상화 선전의 장으로 삼고 있다. 또 김정일은 김일성이 항일 빨치산 활동을 하던 백두산의 밀영(백두산 밀림 속의 비밀병영)에서 출생했다고 주장하고 있다. 3대 세습 과정에서 만경대 생가와 백두산 밀영을 이을 김정은 생가는 필수적이란 얘기다.

김일성 생가인 평양 만경대

김정일 출생지로 선전하는 백두산 밀영

김일성-김정일-김정은 출생연도 끝자리 맞추기

일본의 NHK방송은 2009년 12월 10일 매우 흥미로운 보도를 내놓았다. 북한이 김정은의 나이를 당초 알려졌던 것보다 더 많게 조정하고 있다는 것이다. 이 방송은 "북한이 2009년 6월부터 김정은의 출생연도를 1982년으로 고치고 김 위원장이 70세가 되는 2012년에 김정은이 30세를 맞는다는 점을 부각시키고 있다"고 전했다. 2012년은 북한이 '강성대국의 대문을 여는 해'로 설정해 놓고 있는 시기다. 공교롭게도 이때는 김일성이 100세가 되는 해다. 이런 사정에서 북한이 2012년 김일성 100세, 김정일 70세, 김정은 30세를 맞추기 위해 김정은의 나이를 고친 것 아니냐는 관측이 제기됐다. 북한은 김정일의 후계자 옹립 과정에서도 그의 출생연도를 조작했다. 김정일은 당초 1941년 2월 16일 시베리아의 브야츠크 병영에서 태어났다는 것이 정설이다. 당시 김일성이 소련 극동군 정찰국 직속의 88독립특별보병여단 군인으로 김정일의 생모인 김정숙(러시아명 가리아)과 함께 이곳에 머물고 있었기 때문이다. 김일성은 러시아 상관들의 조언에 따라 아이의 이름을 '유라'라고 지었다. 하지만 북한은 김정일 후계자 지명 과정에서 이른바 백두혈통을 강조하기 위해 백두산 출생설을 만들어 주민들에게 교육시켰다. 김일성이 백두산 밀영에서 항일 빨치산 활동을 할 때 김정일이 태어났다는 것이다. 출생연도도 42년으로 한 해 늦췄다.

2010년 들어서는 김정은의 생일인 1월 8일을 북한 당국이 '국가기념일'로 지정했다는 소식이 전해졌다. 북한이 '김정은 동지의 탄생일을 뜻깊게 기념할 데 대하여'라는 노동당 중앙위 비서국 지시문을 하달했다는 내용이었다. 지시문은 1월 8일을 '영원한 우리 미래' 김정은의 탄생일로 공식화하고, 김정은에 대해 '백두의 혈통을 완전무결하게 이어받은 또 한 분의 지도자'라고 강조했다고 한다. 또 "김정은의 위대성과 김정일에 대한 충성심, 탁월한 영도력에 대한 학습과 강연을 조직하고, 김정은의 생일에 〈발걸음〉 합창을 시작으로 충성의 노래 모임을 열도록 각급 당 조직에 지시했다"는 내용이었다. 북한이 연초부터 후계자 김정은의 생일을 국가기념일로 정하고 전사회적으로 충성결의 행사를 하도록 했다는 설이 흘러나오자 김정은 후계구도를 공고히 하려는 우상화와 선전 작업이 강도 높게 진행될 것이란 전망이 나왔다. 하지만 정보당국은 북한 내부에서 특별한 움직임이 확인되지 않고 있다고 강조했다.

김정은을 상징하는 꽃이 언제 공식지명될지도 그의 후계지위 확보와 관련해 중요한 단서가 될 수 있다. 김정일의 경우 후계자로서의 지위를 확고하게 굳힌 87년 5월 남미 원산의 베고니아과의 다년생 식물의 꽃을 김정일화를 명명했고 이듬해 2월 46회 생일을 맞아 공표했다. '김정은화'의 등장 여부와 관련해 2010년 1월 8일자 노동신문의 보도는 관심을 끌었다. 노동신문은 일본의 식물학자가 김정일에게 '진귀한 식물'을 선물한 소식을 머리기사로 다뤘다. 우리 정보당국이 촉각을 곤두세운 것은 일본인 육종학자인 가모 모도데루와 김정일의 각별한 인연 때문이다. 가모는 "20년의 연구 끝에 김정일화를 장군님께 바친 인물"로 북한에서 칭송되는 인물이다. 마침 노동신문 보도가 나온 1월 8일은 김정은의 생일이다. 이 때문에 가모가 김정일의 후계자 김정은을 상징할 꽃을 선물한 것 아니냐는 관측이 대두했다. 김정은이 후계자로 공식지명되는 단계에서 "그때 '진귀한 선물'이 바로 김정은화였다"는 식으로 선전할 가능성이 있다는 얘기다. 김일성은 55년 4월 수카르노 인도네시아 대통령이 선물한 양란을 김일성화로 삼는 등 북한에서는 지도자의 상징화가 중요한 의미를 띤다.

김정은 후계 띄우기와 관련한 일련의 선전·선동 작업에는 노동당의 베테랑 전략가들이 동원됐다. 2010년 2월 22일에는 문화상에서 해임됐던 강능수 전 문화상이 노동당 부장에 임명된 것으로 확인됐다. 그가 선전 전문가란 점에서 선전선동부장 임명이 유력시됐다. 선전선동부는 2009년 초 최익규 전 문화상이 임명됐으나 사업 부진에 대한 책임을 지고 해임됐다는 설이 나왔다. 주민 사상학습과 체제 선전을 담당한 선전선동부는 김정일이 후계자 시절 부장을 맡았던 핵심 부서 중 하나다. 특히 김정은 후계 구축을 위한 교육과 가요 보급 등을 주도하는 것으로 알려졌다. 김정일이 김정은의 후계자 만들기의 핵심참모로 강능수를 기용했다는 관측이 나왔다.

노동신문 과수원 기사에 담긴 비밀

김정은이 후계와 관련한 행보를 넓히고 있음을 드러내 보여주는 노동신문의 글들도 이어졌다. 2010년 9월 20일자 노동신문에는 한 사과농장의 수확을 극찬하는 글이 이례적으로 실려 눈길을 끌었다. '사과바다 웃음소리'라는 정론은 "9월을 맞아 원흥 땅에 경사가 났다"며 "대동강과수종합농장에서 탐스럽고 유달리 빨갛게 잘 익은 사과를 따들인다는 환희의 소식이 전해져 온 나라를 흥분시키고 있다"고 전했다. 과수원 한 곳에서의 수확을 놓고 '온 나라 흥분한다'는 표현은 예사롭지 않은 구석이 있었다. 정론은 "원흥의 사과는 우리 장군님께서 뿌리가 되어 맺어놓으신 그이의 소원의 열매"라고 찬양했다. 관계 당국과 전문가들이 이 정론에 주목한 건 김정은이 이 과수농장의 확장·조성을 총지휘했다는 관측에서였다. 미국의 자유아시아방송(RFA)은 8월 19일 "원래 온실농장을 만들려했으나 김정은이 전력 등 비용이 많이 든다며 과수농장을 제안했다"며 "김정은이 장악한 인민보안부 군인건설자들이 공사에 투입됐다"고 전했다. 평양 삼석구역 원흥리 일대에 자리한 농장은 5배 늘어난 600정보(595만㎡) 규모로 확장됐다. 이후 북한 전역에 과수원 조성 열풍이 불었다는 얘기다. 김정일도 2009년 11월과 2010년 6월 농장을 잇달아 방문해 각별한 관심을 보였다. 정론이 '10년 전 내 구상을 드디어 실현했다'고 김정일이 언급하고 있는 것과 관련해 "후계자에 대한 김정일의 만족감을 보여주려는 것"이란 해석이 나왔다.

훗날 김정은의 업적으로 공개 부각시키려는 포석이란 것이다.

앞서 8월 22일자 노동신문에 실린 시 '빛나라 선군장정 천만리여'도 눈길을 끌었다. 김정일의 이른바 선군혁명 영도 50주년을 맞아 실린 이 글에는 김정은 후계를 암시하는 표현이 곳곳에 등장했다. 먼저 "무적필승의 영장/우리 장군님의 담력과 기상이/그대로 이어진 씩씩한 그 발걸음 소리"라는 구절에는 북한에서 김정은을 상징하는 것으로 알려진 '발걸음'이라는 표현을 그대로 썼다. 이는 김정은 찬양가요의 제목이기도 하다. 특히 '장군님(김정일)의 담력과 기상이 그대로 이어진'이라는 대목은 김정은으로 넘어가는 3대 권력세습의 정당성을 강조한 것으로 풀이됐다.

김정일 군복 동상 첫 등장

김정은으로의 후계 문제가 한창 이슈로 떠오른 상황에서 김정일 동상이 북한에 세워져 비상한 관심을 끌었다. 이는 북한의 군 기관지인 조선인민군 2010년 5월 11일자 1면에 사진과 함께 보도되면서 확인됐다. 이 신문은 김정일 군복 동상 사진을 아버지 김일성, 생모 김정숙 군복 동상 모습과 함께 실었다. 평양 인민무력부 내에 세워진 동상 제막식에는 이영호 북한군 총참모장과 김정각 군 총정치국 제1부국장 등이 참석했다. 행사에서 김정각은 "우리나라에서 처음으로 형상된 최고사령관 동지의 '군복상 동상'을 인민무력부 혁명사적관에

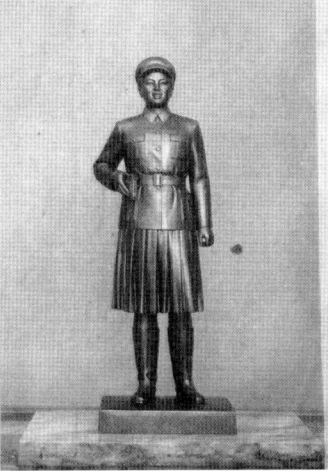

왼쪽부터 김일성, 김정일, 김정숙

모시게 된 것은 우리 인민군대가 받아 안은 최상의 특전이고 행운"이라고 말했다. 동상은 만수대창작사 공훈조각창작단 주도로 만들어졌다. 만수대창작사는 김일성·김정일과 그 가계 인물과 관련된 이른바 '1호 작품'을 만드는 곳이다.

김정일의 동상이 북한 군이나 국가안전보위부 등 공안기관 시설 내에 세워졌다는 첩보는 있었다. 하지만 북한은 군복 차림의 동상을 처음 세웠다는 점에 각별한 의미를 부여했다. 김정일의 50회 생일인 92년 2월 동상 건립에 대한 제의가 있었으나 김정일의 반대로 무산됐다. 김일성 동상은 북한 정권이 수립된

해인 48년 만경대혁명학원에 처음 설립됐고, 김정일 후계가 구축되던 72년 평양 만수대 언덕에 김일성의 대형 동상이 세워졌다. 이 때문에 김정일 군복 차림 동상 제작이 후계자로 내정된 3남 김정은의 주도로 이뤄졌을 가능성이 제기됐다. 제막식을 주도한 이영호 총참모장이 2010년 9월 당 대표자회에서 김정은과 나란히 중앙군사위 부위원장에 오르자 김정일 동상 제막식에 등장했던 이영호가 승승장구하고 있다는 얘기가 나왔다.

_____ 수수께끼로 남은 북한의 침묵

북한의 천안함 도발은 김정일 후계문제와 관련한 북한 내부의 속사정을 엿보게 하는 계기가 됐다. 일각에서 천안함 도발의 배경과 관련해 후계자 김정은의 관련성을 제기하고 나선 때문이었다. 천안함에 대한 어뢰공격이 김정은 후계체제 구축을 위한 시도의 하나로 감행됐다는 분석이었다. 2010년 3월 26일 밤 서해상에서 천안함 사태가 발생한 직후 북한 내부에서는 '남조선에 한 방 갈겼다'는 소문이 돌았다. 북한 서해함대사령부가 2009년 11월 10일 대청해전에서 남한 해군에 패한 뒤 보복성 도발을 한 것이란 얘기였다. 주민들 사이에서 '배가 갑자기 가라앉았다는데 우리밖에 이런 일을 할 데가 또 있느냐'는 등의 반응이 나온 것으로 관계당국은 파악했다.

하지만 46명의 젊은 한국 해군 승조원이 숨지는 등 파장이 엄청나자 분위기는 바뀌었다. 유력한 용의자로 자신들이 거론되자 북한이 움츠러드는 모습을 보인 것이다. 북한은 철저하게 침묵하면서 한국과 미·일 등 관련국의 동향을 주시했다. 이런 북한의 이상행동은 더 큰 의심을 불러일으켰다. 북한의 첫 반응은 사태발생 22일만인 4월 17일 중앙통신 군사 논평원을 통해 나왔다. 중앙통신은 "남조선 당국이 북 관련설을 날조해 유포시키고 있다"고 주장했다. 또 "남조선 괴뢰 군부 호전광들과 우익 보수 정객들은 침몰 원인을 규명할 수 없게 되자 불상사를 우리와 연계시켜 보려고 어리석게 획책하고 있다"고 비난했다. 북한의 반응이 나온 건 민·군 합동조사단이 함미 조사를 토대로 '외부 폭발'이란 입장을 밝혀 북한 연관성이 제기된 지 하루 만이다. 논평 행간에는 북한 당국이 천안함 침몰 직후 남한 일각에서 제기된 각종 의혹 등 사태추이를 면밀히 지켜본 정황이 드러난다. 논평원은 "탄약고 등의 내부 폭발이나 수중으로 떠다니던 기뢰나 어뢰에 부닥친 외부 폭발, 자연 피로파괴나 암초 충돌이 원인일지 모른다고 하다 북 관

천안함 사건 직후 공개된 북한 포스터

련설을 날조·유포시키고 있다"고 주장했다. 남측 일각에서 '내부 폭발' 의혹 제기 등으로 사태가 미궁에 빠지길 기대했던 북한이 어뢰 등 공격 쪽으로 가닥이 잡히자 가만있어서는 안되겠다는 판단을 내린 듯하다는 분석이 제기됐다. 북한은 또 대외로 타전되는 중앙통신 외에 대내 라디오방송인 중앙방송 등을 통해 입장을 내보냄으로써 주민들에게도 이번 사태에 대한 자신들의 입장을 적극 알렸다. 이런 북한의 움직임을 두고 군사도발을 후계자의 업적으로 삼으려다 사태가 심각해지자 발뺌하는 쪽으로 전략을 바꾼 것이란 지적이 제기됐다. 이 사태가 북한의 소행인지 여부가 불확실해지는 쪽으로 상황이 전개됐으면 일단 북한 내부적으로 '남조선 해군에 대한 보복공격'이란 식으로 주민들에게 교양사업을 진행했을 것이란 얘기다. 또 훗날 김정은이 권력을 잡았을 경우 '김정은 동지의 군영도술을 바탕으로 적에게 심대한 타격을 안겼다'는 식으로 선전할 계기를 만들려 한 것이란 분석도 나왔다. 이는 김정일이 후계자 시절 감행한 다양한 테러와 군사 모험주의적 도발과 비견된다. 그는 후계자 시절인 1980년대 KAL 858기 폭파 사건이나 아웅산 테러 등 메머드급 도발을 일으켰다. 김일성이 최고 권력에 올라있었지만 2인자로서 사건을 총지휘한 것이다. 북한은 훗날 이를 김정일의 '대담한 선군영도력' 등으로 선전하고 있다.

천안함 사태 직후 김정일이 해군사령관을 승진 조치한 대목도 눈길을 끌었다. 김정일은 김일성 생일을 하루 앞둔 4월 14일 장성급 인사를 단행했다. 군 인사 명령은 우동측 국가안전보위부 제1부부장 대장 승진 외에 눈여겨볼 대목이 있었다. 2009년 11월 대청해전에서 패한 해군 최고책임자임인 정명도 해군사령관이 상장에서 대상으로 승진한 것이다. 김정일은 대청해전 직후 남포시 서해함대사령부를 찾아 지휘부와 군인을 격려한 바 있다. 정명도 사령관의 승진은 대청해전을 패전으로 간주하지 않거나 패배를 만회할 공훈을 세웠을 때 가능한 것이란 관측이 나오면서 배경에 관심이 쏠렸다. 천안함 침몰 원인으로 북한의 공격 가능성이 확증되는 상황에서 해군사령관의 승진은 묘한 뒷끝을 남겼다.

_____ "천안함 도발 권력승계와 연관"

천안함 공격이 후계자인 김정은이 군부의 신뢰를 얻도록 하려는 승계 과정의 일환이라는 미국 고위 정보당국자의 분석은 화제를 모았다. 리언 패네타 미국 중앙정보국(CIA) 국장은 2010년 6월 27일 한 방송에 출연해 "과거에 김정일 위원장이 권력을 잡을 때도 이런 방식을 통해 이뤄졌다"고 설명했다. 그는 또 "김정은은 아주 어리고 전혀 검증되지 않았다"며 "김정은은 아버지 김정일과 북한에 대한 충성심은 갖고 있지만 군부에서는 그가 어떤 스타일인지 아무도 모르기 때문에 군부에서의 신뢰는 받지 못하고 있는 상태"라고 말했다. 그는 "이같은 상황 때문에 현재 진행되는 도발과 소규모 충돌은 김 위원장 아들에 대한 신뢰를 구축하려는 시도와 연관이 있다고 생각한다"고 밝혔다.

커트 캠벨 미국 국무부 동아시아·태평양 담당 차관보는 천안함 사태 등 북한의 도발적 행동에 대해 "11월 서울 G20 정상회의가 원인 중 하나일 수 있다"고 밝혀 관심을 끌었다. 미국이 천안함 도발의 배경과 관련해 모종의 정보를 갖고 있는 것 아니냐는 관측에서였다. 캠벨 차관보는 9월 16일 미국 상원 군사위 청문회에 출석해 "북한의 과거 행적을 살펴보면 1988년 서울올림픽 전의 (대한항공기) 폭발사태에서 보듯 한국이 세계 속에서 성공의 상징으로 주목받는 중요한 행사를 개최하려 할 때 도발적 행동을 벌인 적이 있다"고 지적했다. G20 서울 정상회의는 매우 커다란 국제적 행사로 한국 역사상 가장 큰 외교적 성과물이라고 볼 수 있다는 점에서 이를 저지하기 위한 북한의 도발이 있을 수 있다는 얘기였다. 천안함 사건 이후 한반도 안보상황에 관해 처음으로 열린 청문회에서 캠벨 차관보는 "김정일 국방위원장의 3남 정은이 권력을 이어받을 것으로 보느냐"는 질문에 "그렇게 추정하고 있다"고 답했다. 그는 북한의 후계구도 차질에 따른 북한 내 핵물질 안전확보 대책이 있느냐는 질문에 대해 "북한이 처할 수 있는 모든 환경에 대비해야 한다고 생각한다"고 말했다. 이 청문회에서는 북한의 도발사태가 김정일의 권력승계 문제와 관련돼 있음을 시사하는 증언도 나왔다. 캠벨 차관보와 청문회에 함께 출석한 월러스 그렉슨 국방부 아태 담당 차관보는 북한의 천안함 도발 이유로 대청해전에서의 보복과 김정은으로의 권력 승계에 따른 북한 내부 문제를 들었다.

천안함을 침몰시킨 북한군의 어뢰 공격이 김정은 후계문제를 공고히 하려는 김정일의 작품이란 미 정보당국의 판단을 담은 보도도 이어졌다. 뉴욕 타임스(NYT)는 5월 22일 복수의 정부 고위 당국자들을 인용해 "김정일의 막내아들인 김정은에 대한 권력 승계를 확실히 하기 위해 천안함 공격을 명령한 것이라는 확신이 커지고 있다"고 말했다. 한 당국자는 미국 내 16개 정보기관이 취합한 정보를 근거로 "확실한 사실이라고 말할 수는 없으나 북한 지도부와 군부의 최근 상황을 감안하면 의심의 여지가 없다"고 밝혔다.

이런 분석이 제기된 것은 북한에 대한 제재 등을 추진하고 있는 미국에도 도움이 될 것이라고 NYT는 지적했다. 특히 미 정보기관들은 김정일이 4월 25일 건군절을 맞아 정찰총국인 군 제586부대를 방문하고 상장(한국군의 중장으로 별 셋)으로 일시 강등됐던 군 총참모부 작전국장 김명국을 대장으로 복귀시킨 것 등이 천안함 공격과 무관치 않은 것으로 평가한다는 얘기였다. 또 2009년 11월 대청해전 패배로 문책성 강등을 당한 것으로 알려졌던 김명국의 대장 복귀는 천안함 공격이 당시의 보복을 위해 계획된 게 아니냐는 관측을 낳고 있다고 전했다.

_____ 포사격 전문가로 떠오르다

2010년 초 북한군이 서해 북방한계선(NLL) 인근에서 벌인 포사격 훈련이 김정은의 지휘에 의한 것이란 주장이 대북 소식통들에 의해 제기돼 관심을 불러일으켰다. 북한 관영 조선중앙TV는 2월 16일 기록영화를 통해 해안포 및 장사정포들이 포탄들을 잇달아 발사하는 장면을 30초가량 방영했다. 북한은 이 프로그램을 통해 서해 포사격이 진행되기 열흘 전인 1월 17일 김정일이 240mm 방사포 10여 대가 동원된 육해공 합동군사연습을 참관한 사실을 공개했다. 그런데 바로 이 포사격 훈련의 총지휘관을 김정은이 맡았다는 설이 잇달아 제기돼 비상한 관심을 끌었다. 김정은이 북한 최고 군사대학인 김일

성군사종합대 포병학과를 2년 동안 개별교습을 받으면서 다녔고 포 사격 훈련은 김정은의 졸업논문에 기초해 이뤄졌다는 얘기가 나오자 관계당국은 사태파악에 힘을 쏟았다. 김정일이 2009년 1~3월 포병부대를 매달 방문해 포사격 훈련을 참관하는 전례 없는 모습을 보인 것도 아들 김정은 때문이란 것이다.

북한은 2010년 1월 27~28일에 NLL 인근 해역에서 동시탄착사격이란 방식의 무더기 포사격훈련을 했다. TOT(Time On Target)라고도 불리는 동시탄착사격은 특정 지점에 각종 구경의 포탄이 동시에 떨어지는 것을 말한다. 북한은 당시 130mm 해안포, 170mm 자주포, 240mm 방사포 등을 동원해 100여 발을 쏘았다. 군 당국은 북한의 포탄들이 목표지점에 상당부분 정확히 떨어진 것으로 분석했다. 이같은 도발은 북한이 휴전선 인근에 전진 배치된 장사정포를 이용해 서울의 특정 지점을 정밀 타격할 능력이 있음을 과시하는 것으로 받아들여졌다.

이 훈련을 두고 김정은의 군사관련 업적을 선전하기 위한 목적이 깔렸다는 지적도 나왔다. 향후 북한군 최고사령관이나 국방위원장을 맡게 될 경우 리더십에 문제가 생길 수 있다는 점에서 경력쌓기의 일환일 수 있다는 얘기다. 소련군 복무 등 군 경력이 있는 김일성과 달리 김정일은 군복무 경험이 전혀 없다. 이 때문에 북한 군 원로들 가운데는 김정일의 후계자 지명 단계에서부터 '군복무도 안 한 애송이가 무슨 장군이냐'는 등의 비판이 제기되기도 했다. 이런 어려움을 잘 알고 있는 김정일로서는 후계자 김정은에게 이른바 선군영도의 통치술을 갖추기 위한 군 경력 만들기에 공을 들이지 않을 수 없었을 것이라는 관측이 나오고 있다. 김정일이 2010년 9월 노동당 대표자회를 계기로 김정은에게 '대장' 칭호를 내리고 당 중앙군사위 부위원장 직책을 맡긴 것도 이런 맥락으로 볼 수 있다.

일본 마이니치신문이 2009년 10월 5일자에 보도한 김정은 관련 내부 강연 자료도 김정은의 부족한 군 경력을 만들어 내기 위해 북한 당국이 노심초사 하고 있음을 잘 보여준다. 문건은 "김정은 동지는 현대군사과학과 기술에 정통한 천재이며, 포병 부문에 매우 정통하고 입체감과 정확도를 갖춘 새로운 군사지도를 만들었다"는 내용 등이 담겨 있다. '존경하는 김정은 대장 동지의 위대성 교양 자료'라는 제목의 문건은 "김정은 대장 동지는 절세의 위인이며 백전백승의 강철의 영장으로 아버지가 되는 수령님(김일성)과 경애하는 장군님(김정일)을 꼭 닮은 선군영장"이라고 강조한다. 북한은 이 문건에서 김정은을 "현대군사과학과 기술에 정통한 천재"라고 찬양한다. 또 "김정은 대장 동지는 인민군대의 전술 단위인 작전전투에서 조직과 지휘를 매우 유리하게 전개하고 포병 부문에서 정확한 지점에 화력 타격을 보증하는 데 큰 역할을 한다"고 강조한다. 김정은을 "포병 부문에도 매우 밝은 분"이라고 찬양하면서 "김정은 대장 동지는 김일성군사종합대학에서 공부하기 시작할 때 작전지도에 반영한 포병 이용계획을 보면 백전노장도 고개를 숙였다"고 선전하고 있다.

김정은이 김정일의 모습을 그대로 빼닮았다는 대목도 등장한다. 문건은 "존경하는 김정은 대장 동지를 만난 일꾼이나 근로자들은 영명한 김 대장의 모습이 장군님과 꼭 닮았고 용모나 풍모가 위대한 장군님과 그렇게 닮았는지 모두가 몰랐다. 기세좋은 용암이 불을 뿜기 시작하는 눈빛을 갖는 영명한 대장 동지를 만나면 가슴이 벅차오르는 것을 금할 수 없다"고 주장하고 있다. 김정일이 김정은에 대해 만족감을 표시하는 대목도 있다. 김정일이 "적들이 우리 위성을 요격하면 김 대장의 반격으로 끝장날 것"이라고 말하면서 힘차게 웃음을 지어보였다는 등의 구절이다. 이 문건은 "(김정은이) 이번 '광명성 2호' 발사도 경애하는 장군님과 함께 직접 현지에서 시찰했다"고 밝혀 교양자료가 2009년 4월 5일 직후에 만들어졌음을 내비쳤다. 또 "첫 태양절 경축 축포행사인 '강성대국의 불꽃'도 존경하는 김정은 대장 동지가 직접 조직 지휘한 것"이라고 말해 김일성 생일인 태양절 행사를 김정은의 업적으로 부각시켰다.

SUCCESSOR KIM JONG-UN

7

후계 데뷔 신호탄된 김정일 중국방문

_____ 평양발 특별열차 국경을 넘다

　　2010년 8월 26일 오전 10시 11분. 서울 세종로 정부중앙청사 3층에 위치한 통일부 기자실. 하루 전 평양을 방문한 지미 카터 전 미국 대통령과 김정일의 면담이 언제 이뤄질지에 촉각을 곤두세우고 있던 기자들이 갑자기 술렁였다. 각 언론사에 뉴스를 공급하는 통신사인 연합뉴스가 긴급뉴스로 '김정일 26일 새벽 중국 방문한 듯'이란 내용을 타전했기 때문이다. 다급하게 소식을 전하려 했는지 기사의 제목뿐 본문은 한 줄도 없었다. 기자들은 각 회사로 급박하게 보고를 하면서도 믿기지 않는다는 표정이었다. 한 기자는 "뭔가 잘못 듣고 쓴 거 아니냐. 지금 무슨 난데없는 중국방문이지. 카터는 어떡하구…"라며 볼멘소리를 했다.

그도 그럴 것이 김정일은 5월 3~7일 베이징을 방문해 후진타오 중국 국가주석과 정상회담을 했다. 3개월여 만에 또 다시 중국을 찾을 만한 긴급한 현안이 없는 상황이었다. 무엇보다 평양에는 김정일이 만나야 하는 VIP가 체류 중이었다. 25일 전세기편으로 평양 순안비행장에 도착한 지미 카터 전 미국 대통령. 그는 1월부터 불법입북 혐의로 장기억류 중인 미국인 아이잘론 말리 곰즈의 석방을 위해 방북했다. 카터는 김정일이 무시하기 어려운 인물이다. 그는 북핵 위기가 고조되던 94년 6월 평양을 방문했다. 당시 김일성과 회담을 한 카터는 북핵 위기 타결과 김영삼 당시 대통령과 김일성 간의 남북 정상회담 합의까지 중재함으로써 북한에게 극적인 반전의 기회를 안겨줬다. 당시는 미 행정부가 북한에 대한 선제폭격까지 구상하고 있던, 북한으로서는 체제붕괴까지 우려할 위기상황이었다.

1보가 나온 7분 뒤, 연합뉴스는 "북한 김정일 국방위원장이 26일 새벽 전용열차 편으로 중국을 방문한 것으로 알려졌다"고 속보를 내보냈다. 연합은 정부 고위 관계자를 인용해 "김 위원장이 26일 새벽 방중했다는 징후가 포착됐다"면서 "정확한 행선지와 목적 등에 대해서는 파악 중에 있다"고 전했다. 정부 고위 관계자는 언론사 기자의 확인요청에 "그거 맞는 내용이야. 연합에 내가 알려줬는데…"라고 말했다. 정부 당국이 언론에 흘릴 정도로 정확한 팩트라는 사실에 기자들은 놀라워하며 부산하게 기사를 작성해 송고하기 시작했다.

김정일의 전용열차는 26일 0시를 막 넘긴 시점에 북·중 국경도시인 북한 만포와 중국 측 지안을 거쳐 중국에 진입했다. 과거 방중 때마다 어김없이 신의주-단둥 라인을 거치던 것과는 달랐다. 정부 관계당국은 김정일의 동선이 예사롭지 않다는 점에 촉각을 곤두세웠다. 베이징과 점점 더 멀어지는 쪽으로 26량의 평양발 전용열차가 빠르게 이동하고 있었기 때문이다. 무엇보다 주목되는 건 그의 첫 행선지였다.

'작은 뚱보'로 불린 후계자

우리 정보당국의 대북 감시망을 가동한 결과 김정일 특별열차는 동북3성의 하나인 지린성 지린시에서 닿은 게 포착됐다. 서울의 대북 정보당국은 예상 방문지로 한 곳을 지목했다. 지린에 위치한 위원중학교. 지방의 한 작은 학교가 가장 먼저 떠오르게 된 건 이곳이 북한과 각별한 인연이 있다는 점에서다. 바로 김정일의 아버지 김일성이 한때 이곳을 다녔기 때문이다. 북한은 정권수립의 기반으로 삼고 있는 항일 운동의 핵심인 '타도제국주의동맹'(북한에서는 1926년 10월 결성 당시의 표기법인 '타도뎨국주의동맹'을 줄여 'ㅌㄷ'로 표기하고 '트드'로 읽는다) 조직이 김일성이 이 학교 재학 시절 본격화했다고 선전하고 있다.

김일성은 26년 6월부터 민족주의단체인 '정의부'가 독립군 간부를 양성하기 위해 세운 정치군사학교 화성의숙을 다니다 15세 때인 27년 1월 이 학교로 전학했다고 한다. 북한은 김일성이 2년 반 동안 이 학교에서 공부했고, 도서관 책임자로 있으면서 마르크스-레닌주의 고전을 연구하고 혁명적 소설을 탐독했다고 선전하고 있다. 김일성은 당시 지린시 안의 여러 학교에 비밀 독서조를 조직하는 한편 조선인길림소년회, 조선인류길학우회, 조선공산주의청년동맹(공청)을 비롯한 합법·비합법 조직을 만들고 '새날'이라는 신문도 발행했다는 것이 북한측 주장이다. 위원중학교 도서관에는 군복을 입은 젊은 시절의 김일성 동상이 서 있다. 또 북한에서 보낸 각종 선물이 진열돼 있다. 김일성의 청년시절 및 지도자 시절 사진, 아내 김정숙의 사진 등도 전시돼 있어 마치 북한의 혁명사적관을 연상케 할 정도다. 김정일은 북한의 경제가 파탄 상태에 빠진 90년대 말 '고난의 행군'을 겪으면서도 위원중학교의 체육관 건설을 지원했다.

위원중 학생들 사이에는 김정일이 중국 국경을 넘기 몇 시간 전인 8월 25일 밤부터 김정일과 그의 아들이 방문한다는 소문이 파다하게 퍼졌다. 위원중 학생들이 중국 검색포털 바이두(百度)에 개설한 인터넷 카페에 올린 댓글에서도 이는 확인됐다. 한 학생은 25일 오후 9시 42분(현지시간)에 "얼팡(二胖: 작은 뚱보, 비만기가 있는 김정일의 3남 김정은을 지칭)이 내일 진짜 위원중학에 오느냐"고 질문을 올렸다. 이에 다른 학생이 "다팡(大胖: 큰 뚱보, 김정일 지칭)이 얼팡을 데리고 돼지우리(猪圈: 학교를 뜻하는 비속어)에 와서 현지 새끼돼지들(학생을 지칭)의 성장을 참관한다"는 댓글을 올렸다.

한 네티즌이 "김 대장(김정은의 별명), 나는 당신을 추대합니다"라는 글도 올렸고, 또 다른 네티즌이 "얼팡 며칠 더 있다 가세요. 나는 당신이 필요합니다"라는 글을 올렸다. 학생들은 26일 오후 김정일이 이미 다녀갔다는 글을 올렸으나 김정은이 실제로 동행했는지에 대해서는 아무런 반응이 없었다. 학교 측이 김정일을 맞이하기 위해 휴교조치를 취하고 학생들의 교내 진입을 허용하지 않았기 때문이다.

김정은 수행 가능성 바람잡기 나선 정부

특이한 점은 김정일의 방중에 아들 김정은이 수행했을 가능성을 우리 정부당국이 부각시켰다는 점이다. 이런 민감한 정보에 대해 말을 아끼던 청와대와 정부의 대북관련 인사들이 일제히 김정은의 동행 가능성을 기정사실화했다. 중국 도착 당일 밤 정부 핵심관계자는 기자가 "내일 아침자 신문에 '김정은이 같이 간 걸로 보인다'고 썼는데 더 나가도 되나?"라고 묻자 "더 나가도 된다"고 말했다. 또 "가능성이 절반은 넘는 거죠?"라는 질문에는 "예, 그렇게 보시면 된다"라고 답했다.

한 취재기자의 수첩에 적힌 김정은 관련 핵심 당국자와의 대화는 김정일이 중국에 도착한 당일 행적과 관련해 퍼즐 조각을 맞춰야 하는 기자와 정보를 모두 공개할 수 없는 당국자 간의 긴박한 숨바꼭질 분위기가 묻어난다.

- 오늘 김정일 일행의 동선은 어떻게 되나?
  "오전에 중학교 다녀왔고, 점심에는 호텔에서 아주 높은 분들과 점심 먹고, 공원 다녀오고 뭐 그런 거 같다."
- 오늘 밤은?
  "아픈 사람(김정일 건강이 좋지않다는 의미)이 어딜 가겠나. 쉬어야지. 오늘 밤엔 호텔에 있을 걸로 보인다."
- 점심 함께했다는 높은 분은 누구?
  "이름을 특정하긴 힘들고, 이름을 알 만한 굉장히 높은 분인 것 같다."

- 이름 말해 달라.

"확실히 특정이 안 돼서, 추정이라 말 못한다."

- 시진핑? 왕자루이?

"우리 언론도 잘 아는 높은 사람일 것이다. 그런데 누구라고 딱 꼬집어 말은 못 해준다."

- 후진타오일 가능성도 있느냐?

"하여튼 모든 가능성을 열어놓고 보고 있다."

김정일 동행과 관련한 정부 당국자들의 언급을 뒷받침하는 듯한 정황들도 속속 포착됐고, 중국 현지와 서울의 언론사 취재망에도 관련 징후들이 걸려 들었다. 김정일의 위원중학 방문 동향을 현지의 정보라인 등을 통해 수집하던 우리 정보기관에는 김정은의 동행정황을 보여주는 미확인 첩보도 입수됐다. 김정일의 학교 방문 때 20대 남성이 한 여성과 함께 움직이는 것을 목격했다는 내용이었다. 5월 방중 때 17량으로 편성됐던 특별열차가 26개 객차로 늘어난 변화도 관계당국은 놓치지 않았다. 9량의 열차가 늘어난 건 김정은이 함께 중국에 왔기 때문에 수행원이나 관련 설비가 크게 늘었기 때문이란 분석이었다. 김정일을 수행하고 있음을 보여주는 또 하나의 방증이란 얘기다.

사실 김정은의 동행여부에 대해 우리 정부 핵심 당국자들도 초기에는 제대로 된 판단을 못한 것으로 드러난다. 김정일이 중국 국경으로 진입한 지 12시간이 지난 26일 오후 시점 청와

대의 외교안보라인 핵심당국자는 김정은의 동행 여부를 묻는 기자질문에 "확인이 안 된다"고 답했다. 심지어 "김정일이 타고 있는 것은 맞냐"라는 질문에 "몇 시간 더 기다려 봐야 확실하지만…전용열차니까…"라며 신중한 모습을 보였다. 다른 핵심 관계자도 점심시간께 기자들에게 "철도노선을 보면 너무 멀어서 베이징까지 가는 것은 김정일 건강 등을 고려할 때 너무 무리인 것 같다. 정상회담을 하려면 후진타오가 와야 하는데 만난 지 3개월밖에 안 돼서…"라고 말했다. 그는 "너무 외교적으로 파격인 것 같고, 후진타오와 만나는 게 아니라면 김정은을 굳이 데리고 갈 필요가 없을 것도 같은데…"라고 말했다. 후진타오가 동북 3성지역에 여름휴가차 머물다가 김정일과 만나는 상황을 염두에 두지 않은 듯한 분위기의 말이다. 이 관계자는 후진타오와의 알현이 아니라면 김정은이 수행할 필요가 없다는 판단을 내리고 있다.

김정일의 급작스런 방중이 북한 후계구도와 맞물려 있다고 보는 관측은 중국 도착 이틀째인 8월 27일 본격화됐다. 청와대 고위 관계자의 언급이 도화선이 됐다. 이 관계자는 이른 아침 청와대 기자실인 춘추관을 찾아 "북한에 가장 시급한 것은 역시 권력승계 문제 아니겠느냐"라고 말했다. 또 "우리도 큰 결단을 할 때는 국립현충원이나 아산 현충사를 찾지 않느냐"며 "그런 차원인 것 같다"고 강조했다. 이런 언급은 김정일의 움직임과 관련한 우리 정부의 판단이 담긴 것으로 볼 수 있다. 이 관계자는 "북한 국내용인 것 같다"고 말했다. 주민들에게 김일성-김정일-김정은으로 이어지는 3대 세습의 필요성을 강조하려는 의도란 취지의 설명이었다. 하지만 김정일이 아버지 김일성의 '혁명유적'을 순례한 것을 우리의 국립현충원 방문을 비교한 것을 두고는 부적절한 표현이란 곱지 않은 시선도 쏟아졌다. 북한에 대해 '내부용' 또는 '대내용'이란 표현이 아니라 '국내용'이란 말을 쓴 것도 문제라는 비판이 나왔다.

───── '대동강 오리알'된 카터

김정은의 존재가 대외적으로 급부상한 김정일의 '중국 전격 방문' 깜짝쇼 조연은 지미 카터 전 미국 대통령이었다. 김정일은 국제사회의 시선을 평양에 체류 중인 카터 전 대통령과의 면담 여부에 쏠리게 하고 자신은 26일 새벽 중국행 전용 열차에 올랐다. 지명도 높은 전직 미 대통령을 평양에 불러들여 놓고 극적인 반전으로 국제사회의 이목을 한 몸에 받으려한 것이다. 카터의 방북을 초청한 건 북한이다. 1월 불법입국했다 장기 억류 중인 미국인 아이잘론 말리 곰즈의 석방문제가 표면적 이유였지만 북·미 관계와 관련한 중

소년단 어린이로부터 인사를 받는 카터 전 대통령. 가운데는 북한 외무성 통역

대한 협의가 이뤄질 것이란 관측이 유력했다. 김정일-카터 면담에 이어 김정일이 노동교화형 8년을 선고받은 곰즈를 특별사면하고 카터가 곰즈를 귀환 비행기에 태워 미국으로 향하는 게 예상 구도였다. 꼭 1년 전 빌 클린턴 전 미국 대통령이 북한에 억류된 미국 커런트TV 여기자 2명의 석방을 위해 움직였던 수순이다.

하지만 김정일은 이번에는 달랐다. 카터가 도착한 25일 북한 정권의 '얼굴 마담' 격인 김영남 최고인민회의 상임위원장을 내보내 면담케 하고 만찬을 했다. 클린턴 전 대통령과 식사를 하고 환한 웃음을 지으며 기념촬영을 한 2009년 8월과 확연한 차이가 났다. 그러면서도 26일 오전에 '막판 면담' 가능성을 남겨뒀었다.

관영매체를 동원해 연막까지 쳤다. 카터 면담이 주목받던 26일 새벽 0시 33분 조선중앙통신은 김정일이 "평양곡산공장을 현지지도했다"고 보도했다. 곡물을 이용한 식료품 공장인 이곳의 생산을 늘리라는 등의 구체적 언급까지 소개했다. 폭염을 피해 여름동안 북부 산간지방 특각(별장)에 머물던 그가 25일 평양에 돌아와 있음을 나타내려는 의도였다. 하지만 이 보도 시간 김정일은 이미 북·중 국경을 넘고 있었다.

카터는 일정을 당초예정보다 하루 연장해 27일까지 평양에 머물렀다. 김정일이 일정을 당겨 귀국한 뒤 만날 것이란 관측까지 나왔다. 하지만 27일 오전 11시 12분 북한 관영 조선중앙통신이 "카터 일행이 27일 평양을 떠났다"고 보도하면서 결국 김정일 면담이 불발된 것이 확인됐다. 북한은 평양 순안공항에서 억류해 온 곰즈를 인도함으로써 카터가 체면치레를 할 수 있게 했다. 북한 관영매체에서는 "김정일 장군님이 카터의 요청에 곰즈에게 특별한 사면을 했다"는 생색내기 보도가 나오고 있었다. 서울의 외교가에서는 "카터가 낙동강이 아닌 대동강 오리알이 됐다"는 조크가 나왔다. 카터가 김정일을 만나지 못한 건 본인뿐 아니라 미국에게도 외교적 '수모'란 지적도 제기됐다. 미 국무부는 "우리는 카터 전 대통령의 인도적 노력에 대해 감사하며, 곰즈를 사면해 미국으로 보내주기로 한 북한의 결정을 환영한다"고 밝혔지만 북한에게 뒤통수를 맞은 것 아니냐는 씁쓸한 분위기가 감지됐다.

"주체의 나라가 세자책봉 알현" 비판

김정일이 중국방문을 서두른 데는 자신의 건강문제가 작용했다는 관측에 무게가 실렸다. 2006년 10월 당 고위 간부들을 모아놓고 "팔구십까지는 일선에서 활동할 수 있을 것으로 자신한다"고 말했던 그는 2008년 8월 뇌졸중으로 쓰러져 생사를 넘나들어야 했다. 그해 11월 공석에 나타날 때까지 통치 공백이 생기기도 했다. 건강을 어느 정도 회복한 그의 우선순위는 김정은을 자신의 후계자로 내정하는 조치였다. 더 이상 미루지 말고 후계자 문제와 관련한 분위기 굳히기에 들어가기 위해 중국 나들이를 선택했다는 관측이다.

전용열차 편으로 중국방문길에 나선 김정일의 건강 상태는 여전히 좋지 않은 것으로 파악됐다. 정부 핵심 관계자는 호텔 투숙 이후 김정일의 추가적인 일정 여부를 묻는 기자들의 질문에 "아픈 사람이 어딜 가겠나. (숙소에서) 쉬어야지"라고 말했다. 김정일은 폭염이 닥친 여름 내내 자강도 등 북부지역에서 휴양한 것으로 정보당국은 파악하고 있다.

김정일의 중국방문에 김정은이 수행하고 있다는 관측이 힘을 얻으면서 일각에서는 "주체의 나라라고 선전하던 북한이 세자 책봉을 중국에 알리고 알현하는 게 말이 되느냐"는 비판론이 대두했다. 김정일이 북한 후계체제에 대한 중국의 확고한 지지를 받아내려는 강한 의욕을 보인 것이란 분석에 따른 것이었다. 27년 전 김정일도 그랬기 때문이다. 김일성과 마오쩌둥으로 대표되는 이른바 북·중의 '혁명 1세대'는 6·25 전쟁을 통해 '산과 물이 잇닿은 인방(隣邦)'이란 친선관계를 맺었다. 마오쩌둥이 사망한 뒤 그의 뒤를 이은 덩샤오핑은 80년 10월 노동당 6기 대회를 통해 후계자로

공식 등극한 김정일을 3년 뒤인 83년 6월 베이징에서 만났다. 당시 만남은 북한 최대의 후견인 역할을 해 온 중국 노세대 영도그룹에 대해 김정일이 후계자가 됐음을 신고하는 자리였다. 이런 경험을 가진 김정일이 자신의 후계자로 내정된 김정은을 데리고 중국을 찾아 최고 지도부에 선보이려는 것은 어쩌면 당연할 수 있다는 얘기다. 하지만 후진타오를 비롯한 중국의 최고 지도부가 27년 전처럼 북한의 부자세습에 승인도장을 찍어줄지는 의문이다. 김일성에서 김정일로 이어지는 권력승계가 3대 세습으로 가는 형국을 감싸는 듯한 중국의 태도에 대해 국제사회가 곱지않은 시선을 보낼 수 있다는 점에서다. 후진타오 등 중국의 영도자 그룹이 김정일의 방중 기간 중 후계 문제에 대해 어떤 언급을 했는지는 구체적으로 밝혀지지 않고 있다.

중국 외교부는 그간 여러 차례 공식 기자회견 등을 통해 북한의 후계구도에 대해 비교적 분명한 입장을 밝힌 바 있다. 2010년 6월 7일 장성택이 국방위원회 부위원장에 발탁된 것을 두고 기자들이 "김정은의 섭정왕(攝政王)이 되는 것 아니냐"는 질문을 던지자 친강 외교부 대변인은 "북한의 내정이라 논평하지 않겠다"고 답했다. 앞서 2월에도 '지난해 5월 북한의 2차 핵실험 직후 중국이 북한의 3대 세습에 반대했다'는 일본 언론의 보도에 대해 내정불간섭의 원칙을 강조하며 "사실 무근"이라고 반박했었다.

_____ 김정일 "후대에 바통 잘 넘기자"

베일 속에 싸여 있던 김정일의 중국방문 결과는 그가 평양으로 귀환한 8월 30일 북한 관영 조선중앙통신과 중국 관영 신화통신을 통해 동시에 공개됐다. 이들 매체들은 김정일 국방위원장과 후진타오 국가주석이 27일 지린성 창춘에서 가진 정상회담 소식을 전하면서 6자회담 재개 등 한반도 정세 문제를 앞세웠다. 신화통신은 김정일이 정상회담에서 "중국과 긴밀한 대화를 통해 조속한 시일 안에 6자회담을 재개하기를 희망한다"고 말했다고 전했다. 후 주석이 "유엔 안전보장이사회의 천안함 관련 의장성명을 낸 이후 한반도 형세에 새로운 동향이 출현했으며, 중국은 북한의 비핵화 노력을 지지하고 6자회담을 재개해 한반도 정세를 바꾸기 위해 노력해야 한다"고 말한 데 대해 김정일이 이렇게 답했다는 것이다.

하지만 정작 관심을 끈 건 중앙통신이 전한 김정일의 언급이었다. 중앙통신은 김정일이 27일 저녁 후 주석이 베푼 환영연회에서 "복잡다단한 국제정세 속에 조·중 친선의 바통을 후대들에게 잘 넘겨주는 것은 우리들의 역사적 사명"이라고 말한 것으로 전했다. 이

김정일과 후진타오 중국 국가주석

는 김정일이 후 주석 면전에서 셋째 아들 김정은 후계구도 구축에 대한 중국 측의 지지와 협조를 당부한 것으로 풀이됐다. '바통'으로 상징되는 후계구도의 틀 속에 김정은을 처음 공개적으로 부각시킨 것이란 관측이었다. 후 주석이 연회 연설에서 "중국 공산당 중앙위원회를 대표해 조선노동당 대표자회가 원만한 성과를 거둘 것을 축원한다"고 밝힌 대목도 관심거리였다. 김정은이 공직부여 등을 통해 후계자로 공식 부상할 것으로 점쳐진 당 대표자회의 성공적 기원 속에 후계자 김정은에 대한 중국 지도부의 '승인' 의미가 담겨있는 것이란 해석이 나오기도 했다. 하지만 북·중 관영매체 보도의 어디를 살펴보아도 김정은이 김정일의 중국방문에 수행했는지 여부를 확인할 단서는 없었다. 관계당국은 북한이 공개한 김정일의 중국방문 기록영화와 일본 등 외신들이 촬영한 관련 영상자료를 정밀분석했지만 허탕을 쳤다.

김정일이 중국방문을 마치고 귀환한 뒤인 9월 1일 청와대 고위관계자는 기자실인 춘추관을 찾아 기자들과 티타임을 가졌다. 이 관계자는 "5월 중국방문과 비교하면 (김정일의 얼굴을) 보기 어렵고 김정은의 모습을 확인하기도 어려웠다고 하더라"고 말했다. 김정은의 동행 여부에 대해 관계자는 "우리도 오지 않았을까 생각할 수 있는 정황은 있었는데 실제로 '그 사람 봤다'고 권위 있게 얘기하는 것은 보지 못했다"고 설명했다. 또 "김정은 동행 여부는 확인 중인데, 끝까지 확인될 지 안 될 지 모르겠다"고 강조했다. 5월 중국방문 때에 비해 보안이 훨

씬 강화됐고 철도 움직이는 것도 직선 운항로가 아니라 조금씩 돌아가기도 하고 어려움이 많았다는 것이다.

그는 "김정은 동행 여부는 중국이 알 텐데 알려주지 않았느냐"라는 질문에 "그것도 북한과의 약속 때문인 것 같다"고 설명했다. 그러면서 "말이 재미있지 않느냐. 왔냐 안왔냐를 물어봤는데 '공식명단에 없다'라니 참 뉘앙스가…"라고 말을 흐렸다. 중국 외교부 대변인이 김정은의 김정일 수행여부를 묻는 질문에 대해 가타부타 답변없이 공식 초청명단에 올라있지 않다는 점을 강조한 것을 두고 하는 말이다. 이 관계자는 "북한 후계체제에 대해 중국이 인도스(보증)하지 않았겠느냐"는 질문에 "명시적 언급은 안했을 것이다. 내정 문제이니까"라고 강조했다.

국가정보원도 김정일의 방중이 상당부분 북한 후계구도 구축과 관련이 있다는 입장을 견지하면서도 김정은의 동행여부에 대해서는 딱부러진 답을 제기하지 못했다. 원세훈 국가정보원장은 9월 13일 국회 정보위에서 김정일의 중국방문과 관련해 "김정은의 후계 문제에서 상당한 성과를 거뒀다"고 평가했다. 그러면서 "후진타오 중국 국가주석과 김 위원장 간에 언급한 내용을 보면 후계 문제에 대한 내용이 제법 있지 않느냐"는 얘기도 했다. 원세훈 원장은 김정일의 방중 목표를 후계 인정과 경제 문제로 정리했다. 그러나 "쌀이나 이런 것(경제문제)에 대해선 충분한 성과가 있었던 것 같진 않다"고 강조했다. 김정일의 방중에 후계자인 김정은이 동행했는지 여부에 대해서는 "(방중) 행선지와 (북한 내에서) 후계작업이 한창 진행 중인 점, 후진타오 중국 국가주석과 김 위원장 간 언급한 내용을 감안하면 동행했을 것이라고 짐작한다"고 말했다. 그렇지만 후 주석과 김정은이 만났는지를 묻는 질문엔 "그런 얘기가 어디서 나오는 것인지 모르겠다"고 했다.

_____거짓말, 혹은 통역의 실수

김정일의 중국방문이 끝난 지 보름여 지난 9월 17일 연합뉴스는 김정일이 셋째 아들 김정은으로의 권력승계를 부인했다는 기사를 전송했다. 연합뉴스는 지미 카터 전 미국 대통령이 카터센터 홈페이지에 올린 글을 토대로 "원자바오 중국 총리가 9월 6일 카터 전 대통령과의 베이징 회동에서 김 위원장이 3남 김정은에게 권력을 물려줄 것이라는 관측은 서방의 뜬 소문"이라고 말했다고 보도했다. 8월 26일부터 30일까지 중국을 방문했던 김정일이 원자바오 총리에게 이같이 말했다는 것이다. 이런 내용이 사실이라면 북한의 후계구도와 관련해 중대한 변화가 있다는 얘기였다. 특히 기정사실인 것처럼 굳어지던 김정은의 중국방문 수행설 관측이 사실이 아니라는 점도 드러나게 된다. 후계자로 간주되는 아들을 데리고 가 굳이 '이 아이는 후계자가 아니다'며 '바보'를 만들 이유는 없다는 점에서다. 국내 신문·방송은 연합뉴스를 인용해 이를 대대적으로 보도했다.

연합뉴스의 보도에는 중대한 오역도 있었다. 카터의 글을 자세히 보면 김정일이 '권력승계'를 부인한 게 아니라 "김정은의 예상된 승진(prospective promotion)에 대해 '서방의 뜬 소문'(a false rumor from the west)이라고 말했다"는 것이었다. 이는 북한이 9월 상순 열겠다고 밝힌 노동당 대표자회와 관련해 한국과 일본, 서방언론들이 김정은이 주요직책에 임명될 것이라는 등의 보도를 내놓은 데 대한 부인으로 해석됐다. 한·미 당국과 전문가들은 김정일 →원자바오→카터로 이어진 복잡한 의사소통 과정에서 김정일의 진의가 와전될 수 있다는 점에도 주목했다. 물론 김정일이 어린 후계자가 지나치게 부각되는 걸 원치 않기 때문에 연막을 친 것이란 분석도 나왔다. 무엇보다 김정은 찬양가요 〈발걸음〉 공연을 김정일이 직접 관람하고 주민들에게 김정은을 '청년대장'으로 교육시키는 등 후계문제가 북한 내부에서 분명하게 진행되고 있다는 점에서다. 카터의 언급이 있은지 10여일 후 김정일은 아들 김정은을 당 중앙군사위 부위원장에 앉혔고 대장으로 '승진'시켰다. 김정일이 원자바오에게 거짓말을 했는지, 원자바오나 카터를 거치며 잘못 전달됐는지는 미궁에 빠졌다.

▶ 2010년 9월 노동당 3차 대표자회
왼쪽부터 장성택 노동당 부장,
김영남 최고인민회의 상임위원장, 김정일, 최영림 총리

SUCCESSOR KIM JONG-UN

8

'청년대장'에서
'조선인민군 대장'으로

_____ 3대 세습 속도전

김정은은 후계지위 확보를 위한 첫 공식 직위로 북한군 대장 자리를 받았다. 아버지이자 북한군 최고사령관인 김정일이 직접 명령을 내려 군경력이 없는 그에게 갑자기 대장칭호를 줬다. 2010년 9월 27일자로 발표된 '최고사령관 명령 제 0051호'가 그것이다. 후계자로 내정된 뒤 북한은 내부적으로 김정은을 '청년대장'으로 부르게했다. 청년대장은 그렇게 하

루 아침에 '조선인민군 대장'에 올랐다. 군경험이 없는 고모 김경희도 졸지에 '대장' 계급을 받았다.

후계지위 구축을 위한 발걸음은 예상 외로 빨랐다. 김정은은 대장 임명 이튿날 열린 노동당 대표자회에서 당 중앙군사위 부위원장에 임명됐다. 아버지 김정일이 위원장으로 있는 기구다. 김정일이 이처럼 3대 세습을 속도전으로 강행한 것은 그만큼 절박한 상황 때문이다. 1994년 7월 김일성 사망으로 권력을 넘겨받은 김정일은 핵개발과 미사일 시험발사 등으로 국제사회의 제재와 외교적 고립을 자초했다. 경제의 주체화를 내걸었지만 2009년 11월 말 화폐개혁의 실패에서 보듯 경제난은 더욱 심화됐다. 2010년 3월의 천안함 도발로 국제사회의 대북제재 수위는 한 단계 더 올라갔다.

이런 상황에서 건강까지 악화된 그에게 믿을 건 핏줄뿐이었다. 2001년 일본에 밀입국하다 붙잡힌 장남 김정남은 후계자로서

의 자격을 잃었다. 호르몬 질환을 앓는 차남 김정철도 후보군에서 낙마하자 김정일은 결국 어린 막내 김정은을 선택했다. 부자 세습이 아니면 체제유지가 어렵고 사후 격하 운동이 일어날 수 있다고 판단했을 수 있다. 74년 2월 후계자 내정 후 20년 만에 권력을 잡은 김정일과 달리 김정은의 후계수업은 2년에 불과하다. 승계 과정을 압축한다 해도 불안한 구석이 많다. 매제인 장성택을 2010년 6월 최고인민회의에서 국방위 부위원장으로 승진시키고 석 달 만에 노동당 대표자회를 계기로 여동생을 대장으로 만들어 김정은의 후견인으로 삼은 것은 이런 점을 고려한 것으로 봐야 한다.

김정은이 후계의 첫 직책으로 당 중앙군사위가 선택된 것은 군 장악에 주력하도록 하려는 김정일의 의지가 반영된 것으로 보인다. 김정일은 권력을 거머쥔 초기부터 군을 모든 것에 앞세우는 이른바 선군정치를 펼쳤다. 이를 통해 취약한 권력기반을 갖추고 체제를 유지해 왔다. 물론 후계자 김정은에게는 노동당에서의 사업 경험도 중요하다. 후계구축 과정을 서둘러 진행해야 하는 상황이다. 그래서 노동당과 군부라는 두 마리 토끼를 쫓을 수 있는 곳으로 노동당 중앙군사위를 택한 것으로 볼 수 있다. 김정은이 부위원장을 맡음으로써 중앙군사위에는 힘이 실렸다. 군을 지휘하고 군사정책을 총괄하는 임무를 띤 군사위는 한동안 국방위원회의 위상에 다소 눌린 듯한 형세였다. 하지만 후계자 김정은이 포진함으로써 향후 움직임이 주목받고 있다.

진통 속에 개막된 당 대표자회

후계자 김정은의 데뷔무대였던 노동당 대표자회는 하루 만에 끝났다. 45년 10월 노동당 창건 이후 회의가 당일치기로 끝난 적은 없었다. 전당대회 성격은 당 대회 6차례와 임시 당 대회 성격의 당 대표자회 2번은 최소 3일에서 길게는 12일까지 열렸다.

66년 10월 2차 당 대회 이후 44년 만에 당 대표자회가 열리는 데는 진통도 따랐다. 북한관영 조선중앙통신은 2010년 6월 23일자 결정서를 인용해 "노동당 중앙위원회 정치국이 당 최고지도기관 선거를 위한 대표자회를 9월 상순에 소집할 것을 결정했다"고 전했다. 기능이 정지됐던 노동당이 재가동을 예고하자 대표자회 개최 이유나 의제에 정부 당국과 전문가들의 관심이 쏠렸다. 1993년 12월 노동당 중앙위원회 6기 21차 전원회의를 끝으로 이듬해 7월 김일성 사망 이후에는 제대로 된 노동당 행사가 한 차례도 없었기 때문이다. 특히 당 대표자회에서 김정일 후계체제 문제를 비롯해 노동당 내 권력구도에 영향을 미칠 수 있는 결정이 나올지에 초점이 맞춰졌다. 66년 10월 2차 당 대표자회 때는 당 중앙위원장제가 폐지되고 총비서제를 도입했다. 또 58년 3월 첫 대표자회에서는 종파 투쟁과 관련해 김일성 반대파에 대한 숙청이 가해지는 등 대표자회는 북한 권력 내부에 큰 파장을 불러왔다. 회의 개최 때마다 굵직한 결정이 이뤄졌다는 얘기다.

정부 당국과 전문가들은 북한이 '노동당 최고지도기관 선거'로 의제를 한정한 만큼 당 중앙위원회 등의 인사가 있을 것으로 예상했다. 특히 당 중앙위 산하 정치국과 비서국 물갈이가 점쳐졌다. 김일성 사후 노동당 원로세력 상당수가 사라졌지만 이에 대한 충원이나 조직 개편은 이뤄지지 못했기 때문이다. 무엇보다 김정일 후계자로 내정된 셋째 아들 김정은을 옹립하는 결정이 이뤄질지도 관심거리였다. 김정일은 노동당 내 직위 부여 등 10여 년의 황태자 수업을 거친 후 80년 10월 6차 당 대회에서 후계자로 공식 부상했다.

북한의 당 대표자회 발표 이후 준비 작업이 착착 진행됐다. 관영 조선중앙방송은 8월 27일 보도에서 김정일이 노동당 대표자회 인민군당 대표로 추대됐다고 전했다. 인민군당 대표회가 8월 25일 진행돼 "김정일 동지를 당 대표자회 대표로 추대할 데 대한 결정서가 만장일치로 채택됐다"는 발표였다. 이런 움직임은 지방 당 대표회에서도 이어져 북한이 당 대표자회 분위기 띄우기에 본격적으로 나서고 있다는 분석이 나왔다.

───── 김정은의 커밍아웃 파티

당 대표자회 개최날짜가 다가오면서 외국 언론들도 비상한 관심을 보였다. 워싱턴포스트(WP)는 9월 4일 인터넷판에서 김정일이 당 대표자회에서 자신의 후계자로 알려진 김정은을 소개함으로써 북한 스탈린주의 독재체제의 2번째 권력

승계를 시작할 것이라고 보도했다. 이 신문은 김정은이 당 대표자회에서 적어도 한 개 이상의 고위 당직을 맡게 될 것으로 널리 예상된다며 행사를 통해 김정일의 권력승계 전략을 엿볼 수 있을 것이라고 전망했다. 뉴욕타임스(NYT)도 9월 2일 인터넷판에서 김정일은 당 대표자회에서 자신의 아들이 권력을 승계할 수 있도록 길을 닦아줄 것이라며 이는 왕조적 지배를 3대까지 연장하는 것으로 공산권에서는 처음 있는 일이 될 것이라고 보도했다. 이 신문은 또 일본 게이오대학의 북한 전문가인 피터 벡의 말을 인용해 "이번 당 대표자회는 김정은의 커밍아웃 파티가 될 것"이라고 예상했다.

크리스천사이언스모니터(CSM)는 당 대표자회는 김정은이 후계자로 지명될지에 대해 전 세계의 관심이 쏠린 가운데 열린다는 점에 주목하고 김정은은 행사에 출석한 것으로 알려지기만 해도 뉴스가 될 것이라고 지적했다. 월스트리트저널(WSJ)은 당 대표자회에서는 김정은에 대한 권력승계 결정과 함께 식량난에 대응해 어떤 경제적 조치가 취해질지도 관심사로 부상하고 있다고 전했다. AP통신은 9월 4일 김정일이 김정은을 핵심 당직에 임명할 것이라며 이는 북한에서 진행 중인 권력승계의 가장 강력한 징표가 될 것이라고 보도했다. 블룸버그통신도 당 대표자회는 북한 노동당이 지난 30년 사이 개최한 최대 규모의 대회라며 김정일은 대회를 김정은으로의 권력승계에 정통성을 부여할 기회로 삼을 것이라고 전망했다.

교도통신은 9월 2일 평양발 기사에서 당 대표자회를 앞두고 김정은 찬양가요로 알려진 〈발걸음〉이 평양에서 유독 많이 불리고 있다며 북한의 권력승계 분위기에 주목했다.

_____ '9월 상순 개최' 불발 미스테리

노동당 대표자회에서 어떤 결정이 이뤄질지에 대한 세간의 관심이 증폭되는 가운데 국가정보원이 내놓은 판단은 이 행사가 북한 후계문제와 밀접한 관련이 있음을 예고했다. 원세훈 국가정보원장은 9월 13일 비공개로 열린 국회 정보위에 출석해 당 대표자회의 개최 문제를 언급하면서 "후계자 노출이 주요 관건"이라고 밝혔다.

하지만 북한이 '9월 상순' 열겠다고 공고했던 노동당 대표자회가 10일까지 열리지 않자 뭔가 내부에 이상이 생겼다는 관측이 제기됐다. 통상 1~10일 사이를 말하는 상순(上旬)의 사전적 의미로 볼 때 당초 예정대로 열리지 못한 것으로 풀이됐기 때문이다. 북한 관영매체에서 당 대표자회와 관련한 언급이 사라진 점도 이상기류를 반영했다. 당 기관지 노동신문이 9월 6일 정론에서 '대표자들이 평양으로 집결하고 있다'고 전한 이후 관련 동정은 보도가 없었다. 정상적이라면 대표들이 속속 도착하고 있다거나 대표자 등록을 마치고 김일성 동상에 참배했다는 등의 보도가 이어졌어야 한다는 게 관계당국의 분석이었다. 당 대표자회 개최를 공고했던 노동당 정치국의 '결정'이 빛을 바랜 모양새란 관측도 나왔다.

행사 개최 지연의 배경을 둘러싼 다양한 분석이 제기됐다. 우선 김정일의 건강 문제가 꼽혔다. 8월 말 중국방문 이후 급격히 건강이 나빠지자 당 대표자회를 미룰 수밖에 없었다는 얘기다. 44년 만의 당 대표자회 개최에 따라 준비에 차질이 빚어졌거나 논의해야 할 사안이 많기 때문으로 보인다는 관측도 나왔다. 각 시·도 지역 대표자들이 그동안의 당 사업을 총화하는 단위모임을 많이 갖고 있어 어렵다는 것이었다. 특히 김정일이 후계자 김정은의 후견인 역할을 할 장성택과 그 추종 엘리트 세력을 만족시킬 절충점을 찾지 못한 것이란 권력내부 이상설도 대두했다. 신의주 등지의 수해와 태풍도 당 대표자회를 열어 '대축전' 운운하기 어려운 배경이란 지적도 가세했다. 하지만 어느 것 하나 딱부러지게 행사지연을 설명하지 못했다.

이런 가운데 일부 전문가들은 북한에서 '상순'이 통상 1~10일을 말하지만 경우에 따라 1~15일을 일컫는 경우도 있다는 지적을 내놓았다. 이에 따라 15일까지는 개최 여부를 지켜봐야 한다는 신중론도 제기됐다. 하지만 15일 밤까지도 평양에서는 당 대표자회가 개최됐다는 소식이 들리지 않았다. 한·미 정보당국의 대북 감시망에도 이런 움직임이 포착되지 않았다. 북한 후계문제와 관련된 비중 있는 결정이 나올 것이란 측면에서 주목받았던 노동당 대표자회가 불발되면서 평양 내부의 속사정에 관심이 쏠렸다. 김정일 집권 이후 북한의 정치 일정이 미뤄진 것은 2005년 3월로 잡혔던 최고인민회의 11기 3차 회의가 한 달 늦춰진 경우가 유일하다. 하지만 당시는 예정일 닷새 전 연기 예고를 했다는 점에서 상황이 달랐다.

북한이 노동당 대표자회에 대해 다시 입을 연 건 서울에서 추석연휴가 시작된 9월 21일 새벽 6시였다. 북한은 노동당 대표자회 준비위원회 명의의 발표를 통해 "조선노동당 최고지도기관 선거를 위한 조선노동당 대표자회는 28일 평양에서 열리게 된다"고 밝혔다. 하지만 당 대표자회가 연기된 이유 등에 대해서는 아무런 언급을 하지 않았다. 당 대표자회가 열린 9월 28일 평양의 회의장 어디에도 연기 이유를 말하는 보도는 없었다. 당 대표자회를 제때 치르지 못하고 '9월 하순'으로 미뤄야했던 평양의 속사정은 또 하나의 미스테리로 남았다.

_____ 허위보고에 격분한 김정일

노동당 대표자회 개최 소식을 전한 북한 관영 조선중앙통신은 9월 29일 보도에서 김정일을 '정치원로'로 표현했다. 통신은 당 대표자회 폐막 소식을 전하는 말미에 "희세의 정치원로며 불세출의 선군영장이신 김정일 동지"라고 찬양했다. 이런 표현은 이따금 김정일에 대한 해외 친북인사의 칭송발언이나 관련 언론보도를 전하는 과정에서 등장했다. 하지만 김정은의 후계를 공식화하는 과정에서 나온 '원로' 호칭은 관심을 끌었다. 건강이상을 되풀이해 겪으며 노쇠한 김정일이 적지 않은 통치누수 현상을 겪고 있다는 관측이 흘러나오고 있는 상황이라 더욱 그랬다.

서울의 정보당국은 김정일의 이같은 이상상황을 포착하는 데 심혈을 기울였다. 2010년 6월에는 후계자로 내정된 김정은과 김정일의 관계에 문제가 생겼다는 특이동향 첩보가 흘러나왔다. 후계 구축 작업이 본격화되면서 김정일의 권력 장악력이 크게 떨어지고 있다는 비공개 정보였다.

특히 북한 각 분야 경제 실상에 대한 김정은 세력의 허위 보고가 잦아져 김정일이 실태를 제대로 파악하지 못하는 현상도 나타나고 있다는 충격적인 이야기도 담겨있었다. 2008년 여름 뇌졸중으로 쓰러져 후유증이 여전한 김정일의 건강과 심기를 보호한다는 구실로 권력층이 입맛에 맞는 내용만 선별 보고하고 있다는 것이다. 또 후계자에 내정된 김정은이 그가 장악한 군과 국가안전보위부 등 공안 기관의 보고를 먼저 받은 후 김정일에게 올릴 내용을 선별적으로 지정하기도 한다는 내용이었다. 후계자 김정은과 그 측근세력에 의해 김정일을 기망하는 상황이 벌어진 것이다. 심복들로부터 이런 문제점을 보고받은 김정일이 보고체계를 우리의 비서실에 해당하는 서기실로 일원화할 것을 지시했다는 이야기도 나왔다.

상황이 이런 식으로 돌아가다 보니 웃지 못할 일들도 벌어진다고 한다. 김정일이 경제성과를 강조하자 부진한 실적 때문에 문책을 우려한 일선 간부들이 생산 실적을 과장하고 허위 보고까지 하는 현상이 나타났다. 2010년 3월 초 김정일이 직

평양 밀가루 공장을 방문한 김정일

접 군중대회에 참석해 생산을 독려한 함흥 2·8비날론연합기업소는 준공식을 전후해 보름 정도 가동되다 조업을 중단한 것으로 서울의 정보당국은 파악하고 있다. 1월 말 김정일의 평양 밀가루공장 방문 때는 시찰 시간이 예상보다 길어져 준비된 재료가 바닥나자 간부들이 몰래 완제품을 다시 생산라인에 투입한 일도 벌어졌다. 또 2009년 10월 김정일이 평북도 닭 공장을 방문했을 때는 평북도당 지시에 따라 주변지역 닭을 모두 모아 닭장에 채워 넣고 주민들에게 닭고기를 정상 공급하는 것처럼 김정일을 속이기도 했다고 한다. 또 2009년 4월 삼일포특산물 공장을 방문한 자리에선 김정일이 '각 도별로 특산물 공장을 건설하라'고 지시하자 이미 건설된 공장의 설비를 뜯어내 특산물 공장을 설립하는 일도 있었다는 게 정보당국의 파악내용이다. 이때를 즈음해 노동신문은 김정일의 경제현장 방문 사진을 무더기로 게재하며 성과를 선전하기 시작했다.

대동강 맥주광고에 목날아간 당간부

김정일의 통치행태에 이상 징후가 감지되고 있다는 점은 국정원의 보고를 통해서도 확인된다. 원세훈 국가정보원장은 2010년 2월 23일 국회 정보위에 출석한 자리에서 김정일의 동향과 관련해 "유훈을 관철하지 못했다는 자탄 등 현안 해결에 대한 초조감을 많이 피력하고 있다고 판단한다"고 밝혔다. 김일성의 유훈인 '쌀밥에 고깃국, 비단옷에 기와집'을 이루지 못한 데 대한 초조감과 신경질 증세를 보인다는 얘기였다. 특히 국정원은 "김 위원장이 안면에 얼룩을 제거하는 등 건강하게 보이려고 노력하고 있다"며 "그러나 신경질 증세를 보이고 있고, 오래된 친구나 가족에 대한 의존이 늘어나는 현상도 보이고 있다"고 밝혔다. 정보당국이 북한 최고지도자에 대해 이런 판단을 밝히는 것은 흔치 않은 일이다. 김정일의 김일성 유훈에 대한 집착은 북한 관영 매체를 통해서도 확인됐다. 노동신문은 1월 9일자에서 "장군님(김정일)이 작년 현지지도에서 '수령님(김일성)의 쌀밥에 고깃국 유훈을 관철하지 못하고 있다'고 말했다"고 소개했다. 신년사 성격인 북한의 노동신문 등 3개지의 2010년 신년 공동사설이 인민 생활 향상을 최대 목표로 내건 것도 이런 김정일의 절박감이 반영된 것이란 평가다.

김정일의 건강문제가 심상치 않아 예측 불가한 통치행동으로 나타난 대표적인 사례는 '차승수 해임사건'이다. 북한 TV에 자본주의 방식의 상품 광고를 했다는 이유로 2009년 8월 해임당한 차승수 조선중앙방송위원장의 복직과정에서 김정일이 제대로 된 판단력을 갖추지 못하고 치매현상까지 보이는 정황이 드러난 것이다. 미국의 자유아시아방송(RFA)이 2010년 8월 7일 보도에서 "차승수는 철직(해임) 후 평양시 수도(首都) 건설사업소에서 노동자로 '혁명화' 중이었다가 지난 5월 중순 김정일 국방위원장의 갑작스러운 지시로 중앙방송위원장직에 복직됐다"고 전했다. 김정일은 차승수를 철직시킨 사실을 기억하지 못한 채 5월 중순 중국방문 직후 직접 전화를 걸어 차승수를 찾다가 이미 해임됐다는 소식에 몹시 화를 낸 뒤 복직 명령을 내렸다는 것이다. 김정일의 예측할 수 없는 행동에 평양의 간부들이 불안해하고 있다는 이야기도 흘러 다녔다.

차승수는 2009년 7월 관영 조선중앙TV를 통해 평양 대동강 맥주 등의 광고를 내보냈다. 이 광고는 한국과 서방의 대북 전문가들 사이에서 북한이 초보적인 상업광고에 나선 것이란 관측을 불러일으켰다. 차승수는 김정일로부터 중국의 개혁·개방 초기를 연상케 한다는 지적 등을 받고 해임된 것으로 알려졌다. 이런 보도가 나오자 원세훈 원장이 6월 24일 국회 정보위에서 "김정일이 최근 뇌졸중 후유증으로 기억력이 떨어지고 비이성적 얘기를 자주 한다"고 보고한 내용이 다시 주목받게 됐다.

건강이상 문제와 관련해 김정일이 환각증세에 시달리고 있다는 분

대동강맥주 TV광고

석도 제기됐다. 남성욱 국가안보전략연구소장은 2009년 7월 12일 한 세미나에 참석해 "김정일의 건강은 대체로 양호한 것으로 평가되지만 2008년 8월 뇌졸중 후유증으로 판단되는 증세가 있는 것은 주목할 만하다"며 "노여움이 많아지고 부정적인 보고에 참을성이 적어진다는 관측이 있다"고 말했다. 그는 "프랑스 등 외국 의사들은 조심스럽게 환각증세(hallucination)설을 제기하고 있다"고 덧붙였다. 남성욱 소장의 발언은 그가 국정원과 밀접한 관계인 국책연구기관의 책임자란 점에서 관심을 끌었다. 다른 연구기관과 달리 뭔가 특별한 정보를 바탕으로 한 언급일 것이란 측면에서였다. 남성욱 소장은 후계 문제와 관련해 "후계체제 구축이 김정일 위원장 추종세력들의 정치적 생존을 위한 최선의 선택"이라며 "자신들의 특권적 지위를 유지하는 데 필수적이라는 판단을 하고 있다"고 평가했다. 남성욱 소장은 3대 세습으로 인해 김정일의 통치력이 약화하고 국제사회의 조롱이 생기는 데다 북한체제의 내구성이 약화돼 정책이 변화할 수 있다고 분석했다.

정부 안보부처 최고위급 당국자의 김정일 관련 언급은 북한 관측통들을 주목하게 했다. 대북 정보를 종합적으로 보고받는 핵심 위치에 있는 한 당국자는 2010년 2월 3일 "북한군의 1월 말 서해상 해안포 사격이 군부의 김정일 국방위원장에 대한 충성 경쟁에서 발생했을 가능성이 크다"고 말했다. 특히 "김정일이 온전하게 집무를 하는 것 같지 않다"며 "그가 자리를 제대로 지키지 못할 때 군부의 목소리가 높아지는 것으로 파악됐다"고 전했다. 이 당국자는 이어 "김정일이 선군정치 체제 하에서 군에 의존해왔다"며 "일단 군부의 손을 들어준 뒤에는 군부의 제안을 다시 묵살하기 어려운 상황"이라고 설명했다. 이에 따라 군부는 김정일의 승낙을 받았다는 명분으로 해안포와 장사정포를 서해 북방한계선(NLL) 부근에 사격하고 있다는 것이다. 한 관계자는 "북한 내부에 심각한 권력 투쟁이 벌어지는 것으로 알고 있다"고 말했다. 이 관계자는 "2009년부터 김정일은 군부가 주장하면 군부의 얘기를 들어주고, 남북 협상파가 주장하면 또 협상파 손을 들어주는 분위기"라며 "외부에서 보면 김 위원장이 중간에서 계획적으로 조율하는 것 같지만 실제론 뒤죽박죽인 것으로 보고 있다"고 전했다.

이런 발언이 나온 비슷한 시기인 2월 3일 스티븐 보즈워스 미국 대북정책 특별대표는 "북한 내부 사정이 상당히 복잡한 것 같다"고 말해 한·미 당국이 김정일의 건강상태와 북한 권력 내부 동향을 두고 뭔가 심상치 않은 움직임을 포착한 게 아니냐는 관측이 나왔다. 보스워스 대표는 워싱턴에서 미국 외교정책분석연구소가 비공개로 연 '한반도 평화체제' 세미나에 참석해 "후계자 세습과 화폐개혁 등이 뒤엉켜 집권층 내부에서조차 '북한이 이래선 안 되겠다'는 우려가 상당히 나오고 있는 것으로 추정된다"고 말했다.

건강이상을 겪은 김정일이 통치현장에 복귀한 이후 노동신문 등 북한의 관영매체에는 김정일이 눈물을 보였다는 글이 종종 등장했다. 과거 카리스마 넘치는 절대 권력자의 모습을 부각시키던 시절에는 상상할 수 없는 일이다. 어렵고 힘든 지도자의 고뇌를 내세움으로써 주민들에게 김정일의 '헌신의 리더십'을 선전하려는 의도라는 얘기다.

노동신문은 2010년 2월 11일자 보도에서 김정일이 합성섬유인 '비날론'에 강한 애착을 보인 내용을 소개했다. 노동신문은 정론에서 김정일이 재가동된 2·8비날론연합기업소를 방문해 "오늘처럼 기쁜 날이 없다"며 눈시울을 적셨다고 보도했다. 김정일은 김일성 시신이 안치된 평양 금수산기념궁전을 지칭하며 "수령님께서 이 비날론솜을 보셨으면 얼마나 기뻐하겠느냐"며 "수령님께 어서 가지고 가자"고 말했다고 소개했다. 이에 따라 상당한 양의 비날론솜이 김정일이 현지지도 시 애용하는 전용차량인 '야전차'에 실려 평양으로 옮겨진 것으로 노동신문은 전했다. 2·8비날론연합기업소는 평양에서 315km 떨어진 함남 함흥에 있다.

관영 중앙통신은 김정일이 2·8비날론연합기업소 방문을 2월 8일 새벽 보도했고, 9일 밤 늦게 "재차 방문했다"고 전했다. 김정일이 하루 만에 다시 같은 산업현장에 들른 건 매우 이례적이다. 김정일은 방북한 왕자루이 중국 공산당 대외연락부장을 2·8비날론연합기업소가 있는 함흥까지 불러 8일 접견했다. 이런 각별한 관심은 '쌀밥에 고깃국·기와집'을 경제 구호로 내건 김일성 시절 비날론이 '입는 문제' 해결의 상징이었다는 점 때문으로 볼 수 있다. 1961년 5월 설립된 2·8비날론연합기업소는 대표적 섬유·화학 생산 공장이지만 90년대 중반 원료난 등으로 사실상 문을 닫았다. 노동신문은 "16년 만에 다시 가동됐다"고 밝혔다.

김정일은 한 달 뒤인 3월 6일 함흥시에서 열린 2·8비날론연합기업소 재가동 축하 군중대회에 참석했다. 이 자리에는 김정은도 비공개리에 수행한 것으로 당국은 보고 있다. 행사장에는 김일성·김정일 부자의 초대형 사진이 등장해 눈길을 끌었다. 정부당국이 파악한 결과 김일성의 모습은 1961년 5월 7일 같은 장소에서 열렸던 2·8비날론연합기업소 준공 군중대회 사진으로 드러났다. 또 김정일 사진은 2월 두 차례 방문때 이 기업소 생산 현장에서 비날론 솜을 만지는 장면으로 파악됐다. 사진 효과를 극대화하기 위해 곳곳에 수정한 흔적이 포착됐다. 61년 당시 김일성 흑백사진은 컬러로 바뀌었다. 김정일의 2·8비날론연합기업소 방문 사진은 선글라스를 일반 안경으로 교체하고 20년 정도 젊은 얼굴에 이를 드러내고 웃는 얼굴로 만들었다. 조선중앙방송은 6일 보도에서 "40여 년 전 5월 함흥 군중대회 주석단에 계시던 김일성 동지와 김정일 동지의 초상이 모셔졌다"는 점을 강조했다. 정부 당국자는 "함흥광장에 두 사진을 나란히 세워 아버지 김일성의 유훈(遺訓·1994년 사망 당시 유업)을 따르는 모습을 강조하려는 의도가 엿보인다"고 말했다.

SUCCESSOR KIM JONG-UN

9

왕관 쓰기까지는 험난한 길

김정은 후계에 불만세력도 등장

김일성–김정일–김정은으로 이어지는 3대 세습의 앞길에 어떤 운명이 기다리고 있는지는 불투명하다. 황장엽 전 노동당 비서는 2010년 8월 7일 KBS와의 인터뷰에서 "핏줄에 의한 3대 권력세습은 시대에 뒤떨어진 잘못된 방향이지만 세뇌 교육으로 북한 내부의 강력한 반발은 없을 것"이라고 전망했다. 북한 주민들의 반발 등 체제위해 요소는 없을 것이란 얘기다. 이런 황장엽 전 비서의 인식은 자신이 직접 경험한 폭압적 구조의 김정일 체제 속성을 고려한 현실적인 판단이라 볼 수 있다. 북한의 권력 엘리트들이 기득권의 유지를 위해 김정일 세습체제를 용인하고 봉건적 왕조체제에 다름없는 일탈행위에 동조하는 방향으로 나갈 것이란 얘기다. 김정일은 정권 유지를 위해 '장군님이 없으면 우리도 없다'는 식의 식솔문화와 운명공동체 의식을 강조했다. 김일성 일가에 대한 충성과 복종의 대가로 왕조시대의 특권과 특혜를 누려온 이들이 합리적인 선택을 할 여지는 별로 없다는 것이다.

우리 정보당국도 일단 3대 세습 이행에 큰 문제가 없을 것이란 판단을 내리고 있다. 원세훈 원장은 2009년 2월 25일 국회 정보위에서 김정일 후계구도와 관련해 "3대 세습이 가능할 것으로 보인다"고 말했다. 원세훈 원장은 "북한 내 간부들, 특히 권력 주변 간부들의 저항이 적은 것으로 판단된다"고 강조했다. 이런 언급은 북한에서 김정일의 강력한 장악력이 작동되고 있어 세습의 여건을 마련해 줄 수 있는 데다 북한 권력 상충부 역시 '체제 안정'을 최우선으로 삼아 거부 반응을 보이지 않을 것이란 의미로 해석됐다. 원세훈 원장은 그러나 "세습이 되면 장악력은 상당히 떨어지지 않겠느냐"고도 전망했다. 이는 30대 초반에 이미 후계자로 결정돼 당·군을 측근으로 채우며 권력 기반을 구축했던 김정일과 달리 김정은은 이런 과정을 거치지 못했음을 염두에 둔 분석으로 보인다.

노동당 대표자회 하루 전인 2010년 9월 27일 열린 국회 정보위에서는 눈길을 끌만한 국정원의 보고가 이뤄졌다. 후계구축과 관련해 북한 내부에 갈등이 나타나고 있다는 것이었다. 국정원은 "김정은의 급작스런 등장에 불만세력도 있다"며 "이런 저런 문제들이 있다"고 밝혔다. 국정원의 이런 언급은 후계 내정 직후인 2009년 초의 판단과는 온도차가 났다. 이 때문에 김정은 후계구축을 구체적으로 준비하는 과정에서 뭔가 권력층 내부에서 다툼이 있었고, 이를 국정원이 포착한 것 아니냐는 관측이 제기됐다. 당 대표자회가 끝난 직후 나온 정부 핵심 당국자의 언급도 관심을 끌었다. 이 당국자는 "우리도 대대적인 자리이동이 있을 경우에는 암투가 벌어지게 마련이다"며 "그런데 이 정도로 나오면 그 안에서 뭐가 없을 수는 없다"고 말했다. 또 "잘 나가는 놈과 못나가는 놈, 실망하는 세력 등이 있기 마련"이라고 말했다.

'좌성택' VS '우극렬'

북한 권력 내부에서 삐걱이는 소리가 흘러나오기도 한다. 김정일의 매제이자 북한 최고권력 실세그룹인 장성택과 군부를 관장하는 오극렬 간의 갈등은 대표적이다. 이들 두 사람은 나란히 국방위원회 부위원장을 맡고 있다. 장성택과 오극렬의 불화는 달러벌이 과정에서 불거졌다. 우리 정보당국은 북한이 김정일 후계자 김정은을 공개적으로 드러내려 준비중이던 2010년 7월 이런 징후를 구체적으로 포착했다. 군부를 기반으로 외자 유치를 선점해온 오극렬 부위원장이 대북 투자유치에 뒤늦게 뛰어든 장성택 부위원장과 김양건 노동당 통일전선부장 측과 주도권 다툼을 벌이고 있다는 것이다. 2009년 2월 국방위 부위원장에 임명된 오극렬은 외자 유치와 관련한 이권을 본격적으로 챙기기 시작했다. 오극렬 측은 전담기구로 조선국제상회(총재 고귀자)를 설립해 같은 해 7월 1일 최고인민회의 상임위로부터 승인을 받았다. 정권 차원의 추인 절차를 밟은 셈이다.

그러자 장성택 측은 다급히 중국 조선족 출신 사업가 박철수를 불러

◀ 장성택

들였다. 중국 헤이룽장성 출신인 박철수는 1980~90년대 중국 다칭유전 근무 당시 대북 원유 지원을 맡아 북한과 관계를 맺었다. 2006년 홍콩 대풍국제투자공사 대표 자격으로 수시 방북해 장성택과 친분을 쌓았다. 또 2010년 1월 장성택이 주도한 조선대풍국제그룹의 초대 총재를 맡은 인물이다. 장성택 측은 대북 투자 유치를 내걸어 조선대풍그룹을 설립하고 김양건을 이사장으로, 박철수를 총재로 임명하는 등 발 빠른 행보를 하며 세력 확장을 꾀했다. 조선대풍그룹이 미국의 대북 금융제재 회피를 위해 외국과의 합영회사 설립을 목적으로 운영하던 '평양 대풍국제투자집단'을 이름만 바꿔 급조한 조직이란 점에서도 이런 분위기를 읽을 수 있다.

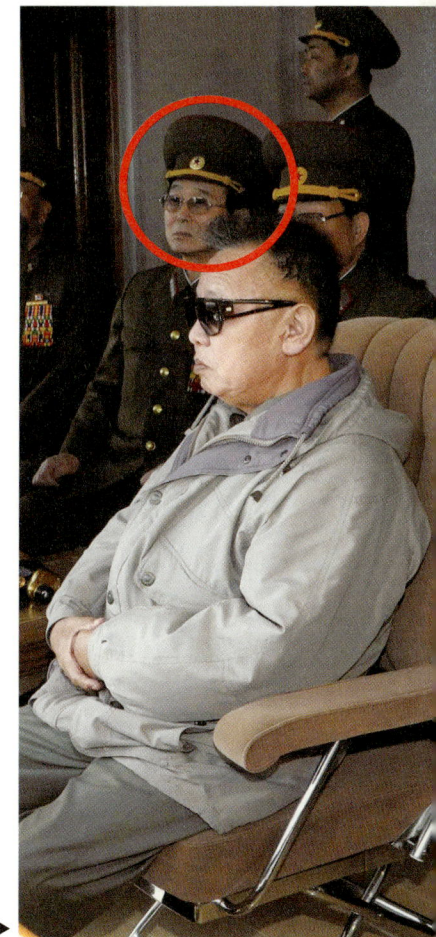

오극렬 ▶

장성택 측은 조선대풍그룹을 내각에서 국방위 소속으로 바꾼 뒤 2010년 1월 20일 조선대풍그룹 설립을 관영 조선중앙통신을 통해 공식 발표해버렸다. 당시 중앙통신은 "국방위원회가 국가개발은행 설립을 결정했다"며 은행에 대한 투자유치를 맡게 될 조선대풍그룹의 활동을 보장하라는 국방위원장 김정일의 '명령'이 내려졌다는 점을 부각시켜 보도했다. 장성택이 주도한 조선대풍그룹에 최고 권력자의 힘이 더 실린 것이다.

오극렬 측은 반발했다. 오극렬은 자신이 먼저 주도해온 외자 유치 사업에 끼어든 장성택과 김양건에 대해 상당한 불쾌감을 가졌고, 장성택의 조선대풍그룹과 오극렬의 조선국제상회가 치열한 주도권 다툼을 벌이는 상황이 전개됐다. 북한의 최고 공안기관인 국가안전보위부도 최고위층의 이같은 파워게임에 개입하지는 못한 채 사태 전개에 촉각을 곤두세우고 있는 징후가 서울의 대북 정보망에 포착되기도 했다. 보위부는 특히 박철수 총재의 배후에 중국 안전부가 있고 중국이 박 총재와 조선대풍그룹을 통해 대규모 자본을 투입해 북한 경제를 장악하려 한다는 의심을 하고 있다는 정황도 드러났다. 하지만 보위부는 박 총재를 후원하고 있는 장성택을 비롯한 권력 실세들을 의식해 김정일에게 이런 사실을 보고하지 못하고 있는 것으로 파악됐다. 북한 권력의 중심축인 장성택·오극렬 간의 이권다툼이 본격적인 권력 갈등으로 번질 경우 북한 후계의 향방이나 구도에도 미묘한 영향을 미칠 가능성이 있다는 진단이 나왔다. 이들 두 사람의 알력은 9월 28일 열린 노동당 대표자회에서 장성택이 김정은의 후견인으로서의 자리를 굳히면서 오극렬의 완패로 끝났다. 장성택이 노동당 부장과 정치국 후보위원 자리를 챙긴데 비해 오극렬은 124명의 당 중앙위원 리스트에 이름을 올리는 것으로 만족해야 했다. 2009년 2월 국방위 인선에서 부위원장을 맡으며 화려하게 복귀했던 오극렬은 김정은 시대와의 연결고리를 제대로 찾지 못했다. 그를 지지하던 세력들이 불만을 갖지 않을 수 없고 살아남기 위한 피비린내 나는 권력투쟁을 벌일 가능성도 일각에서 제기된다.

퍼스트레이디 김옥 후계구도 변수될까

김정은 후계구도와 관련해 장성택·김경희 부부와 함께 가장 주목해야 할 인물은 김옥이란 여인이다. 김정일과 함께 지내며 사실상 퍼스트레이디 역할을 하고 있다는 게 우리 정보당국이 파악한 내용이다. 그녀는 우리 관계당국이나 미 정보기관이 작성한 북한 가계도에 김정일과 혼인관계에 있는 여자로 등장한다. 20대 때 김정일의 옆에 붙다시피하며 업무파일 등을 챙겨주던 그녀의 모습은 북한 화보 등에도 담겼다. 하지만 김정일의 여자로 자리하면서 이후에는 북한 화보에서 사라졌다.

김옥은 2004년 5월 김정은의 생모인 고영희 사망 이후 김정일의 부인 자리를 차지했다. 1964년생인 그는 평양음악무용대학에서 피아노를 전공했으며 1980년대 초부터 고영희가 사망할 때까지 김정일의 기술서기로 활동했다. 기술서기란 노동당 정치국 후보위원 이상 간부들의 건강을 보살피는 직책으로 간부 1명당 1명이 배치되고 주로 간호사들이 선발된다. 김정일에게는 여러 명의 기술서기가 있고 이들은 일반 간부의 기술서기와 달리 우리의 비서에 해당하는 업무를 담당하고 있다고 한다.

기술서기 중 김정일의 신임이 가장 두터웠던 김옥은 김정일의 군부대 및 산업시설 시찰 등 국내 현지지도 수행은 물론 외빈 접견에도 참석한 것으로 당국은 파악하고 있다. 또 2000년 10월 조명록 국방위원회 제1부위원장이 김정일 특사로 미국 워싱턴을 방문했을 때 수행원 자격으로 동행한 것으로도 알려져 있다. 당시 김옥은 김선옥이라는 가명과 국방위원회 과장 직함으로 조명록을 동행해 윌리엄 코언 미 국방장관, 매들린 올브라이트 미 국무장관 등과의 면담에도 배석했다는 후문이다.

미국을 방문한 김옥

김옥이 2006년 1월 김정일의 중국방문에도 국방위 과장 신분으로 동행해 퍼스트레이디 자격으로 상당한 대우를 받았으며 후진타오 중국 주석과도 인사를 나눴다는 주장도 나온다. 2010년 5월과 8월 잇달아 이뤄진 김정일의 방중 때 세련된 모습의 중년 여성이 당 간부들과 함께 수행하는 모습이 공개돼 관심을 끌었다. 그녀가 김옥이냐 아니냐를 놓고 논란도 일었다. 하지만 대북부처의 북한 정보 담당 간부는 "방중 때 모습이 드러난 여성은 김옥이 아니다"고 말했다. 김정일이 남측 인사와 면담하는 자리에도 김옥은 모습을 드러내 최지근거리에서 약을 챙겨주는 등의 활동을 했던 것으로 전해졌다. 김정일의 전속요리사였던 일본인 후지모토 겐지는 자신의 책에서 2001년 4월 중순 일본에 다녀올 수 있겠느냐는 김정일의 물음에 "갈 수 있다"고 대답하자 "김창선 서기실 부부장에게 항공권을 준비하라고 지시하고 서기 김옥에게는 1만 5000달러를 내주라고 지시했다"고 밝혔다. 북한 정보 소식통은 "김옥이 성혜림이나 고영희처럼 미인형이라기 보다는 귀여운 스타일"이라며 "아주 똑똑하고 영리한 여성으로 알고 있다"고 전했다. 김옥은 2010년 9월에 열린 당 대표자회에서 김정은의 여동생 김여정과 함께 처음 모습을 드러냈다.

고모 김경희 수렴청정 노리나

김정일의 여동생인 김경희 노동당 경공업부장이 권력의 후계자 자리를 노릴 수 있다는 관측은 흥미를 끌었다. 고이케 유리코 전 일본 방위상은 2010년 9월 16일자 홍콩 사우스차이나 모닝포스트(SCMP)에 '준비 중인 김정일의 여동생'이라는 제목의 글을 기고해 북한의 권력승계 과정에서 김경희가 중요한 역할을 할 것으로 내다봤다. 김정일이 김정은으로 이어지는 자신의 3대 권력세습을 위해 김경희를 관리인으로 지명했을 수 있지만 김경희는 스스로 김정일 후계자가 되려는 계획을 세울 수도 있다는 것이다. 김정일 후계자로 유력시되는 김정은에 대해 고이케 전 방위상은 아직 어리고 경험이 부족하기 때문에 김정일처럼 절대적인 권력을 행사할 수 있을지 의문이라고 지적했다. 고이케 전 방위상은 또 6월 발생한 김정은의 후견인으로 알려진 이제강 노동당 조직지도부 제1부부장의 교통사고 사망사건에 김경희가 연루돼 있다는 소문이 있다고 강조했다. 김경희가 김정일 사후에 권력을 행사하려는 의도가 있음을 드러내는 것이란 설명이다. 김정일이 유일한 혈육인 김경희에 대해 노동당 중앙위원회에서 "김경희는 곧 나 자신이므로 김경희의 말은 곧 나의 말이요, 김경희의 지시는 곧 나의 지시"라고 말할 정도로 신뢰하고 있다고 전했다. 고이케 전 방위상은 김경희나 김정은 둘 중에 누가 후계자가 되건 북한 체제는 심각한 불안정 상태에 빠질 수 있다고 전망했다. 김경희의 수권 가능성에 대해 정부 당국자나 전문가들은 회의적인 반응을 보였다. 고이케의 말은 김경희와 그의 남편 장성택이 어린

2010년 9월 28일 노동당 대표자회에 참석한 김경희(가운데).
왼쪽부터 박수길 부총리, 박정순 당 조직지도부 제1부부장, 김경희, 김영철 정찰총국장, 김원홍 보위사령관

후계자 김정은의 후견인 역할을 할 수 있다는 의미 정도로 해석해야 한다는 것이다. 김정은이 유고 상황에 빠져 북한 후계구도가 혼란에 빠질 경우 이를 수습하고 집단지도체제 등을 고려해야 하는 극한 입장에서야 혈족인 김경희도 당연히 고려 대상이 될 수 있다. 하지만 김정일과 김정은 모두 생존해 후계구도 구축에 박차를 가하고 있는 상황에서 김경희의 권력 장악 가능성을 언급하는 건 맞지 않다는 얘기다.

김정은이 후계자로서 권력기반 구축을 마무리할 경우 장성택·김경희 부부와 김옥 등 후견인들을 어떻게 처리할지는 미지수다. 권력의 속성상 최고지도자에 오르는 과정에서 잠재적 도전세력이라 판단되는 파벌들에 대한 가지치기가 이뤄진다는 점에서다. 김정일도 권력 장악과정에서 계모인 김성애와 그의 소생들인 이복동생들을 철저히 고립시켜 나갔다. 또 자신과 후계자리를 놓고 맞섰던 삼촌 김영주(김일성의 동생)를 당 조직비서에서 물러나게 하는 등 후속조치를 취했다. '토사구팽'의 상황이 닥칠 경우 북한 권력에는 또 한 번의 피비린내 나는 숙청의 칼파람이 몰아닥칠 수 있다.

김정은 리더십 해부한 미국

북한 권력 내부의 부자승계 움직임을 누구보다 관심을 갖고 지켜보는 건 미국이다. 향후 북한을 다루는 데 있어 후계권력 구도가 어떻게 가닥을 잡느냐가 무엇보다 중요하다는 판단에서다. 데니스 와일더 전 미 국가안보회의(NSC) 아시아 담당 선임국장은 2009년 6월 5일 "미국은 2008년 말부터 김정일 북한 국방위원장이 3남 김정은에게 권력을 승계하는 작업에 착수한 것을 파악하고 있었다"고 밝혔다. 북한 권력의 동향을 일찌감치부터 추적하고 있었다는 것이다. 2009년 2월까지 조지 W. 부시 행정부에서 한반도 문제를 담당했던 와일더는 방송 인터뷰에서 "김 위원장이 2008년 8월 뇌졸중으로 쓰러졌다가 연말에 건강을 회복해서 현지 지도를 다녔으며 이때부터 후계작업을 시작했다"고 말했다. 그는 "미국은 (당시부터) 북한이 권력 승계작업에 착수했다는 것을 파악하고 있었다"며 "후계문제는 처음부터 김정일 위원장의 머릿속에 입력돼 있었던 것이고, 뇌졸중 발병을 계기로 후계작업을 서둘렀다고 생각한다"고 말했다. 와일더 전 국장은 김정은이 권력을 장악할 가능성에 대해서는 "김 위원장이 국방위원회를 개편하면서 매제 장성택을 국방위원회에 포함시켰다"며 "이는 장성택을 김정은의 보호자 겸 후견인으로 활용하겠다는 의도로 볼 수 있는 대목"이라고 분석했다. 또 "만일 김 위원장이 몇년 내에 사망한다면 김정은 대신 장성택이 권력을 잡을 수도 있다"고 내다봤다.

2010년 6월 27일자 워싱턴 포스트는 미국 행정부가 김정은의 리더십 스타일에 대해 집중 연구해온 사실을 공개했다. 이 신문은 김정은의 스위스 유학 경험 등을 소개하며 "김정은은 폭력적이고 상당히 자학적인 경향을 갖고 있는, 매우 문제가 많은 인물인 것으로 알려져 있다"고 연구 결과를 전했다. 신문은 또 "중국이 5월 방중한 김정일 위원장에게 세습 권력 이양에 대해 이견을 제시했고, 이것이 양측의 갈등을 낳았을 수 있다"는 해석도 덧붙였다.

파문 던진 클린턴 국무장관의 후계발언

북한 후계문제와 관련한 미국 행정부의 가장 직접적인 언급은 힐러리 클린턴 미국 국무장관의 입에서 나왔다. 그는 2009년 2월 19일 "미국은 북한이 곧 후계자 문제를 둘러싼 위기에 직면할 것으로 우려하고 있다"고 말해 큰 파장을 일으켰다. 아시아 지역 순방 차 자카르타 발 서울행 비행기 안에서 기자들과 만나 클린턴 장관은 "북한의 지도부 상황이 불투명하다"고 입장을 표명했다. 미국 정부 고위 관계자가 김정일의 후계자 구도와 관련한 위기문제를 직접 언급한 것은 처음이란 점에서 그의 발언 배경에 관심이 쏠렸다. 클린턴 장관은 "미국 정부는 후계자가 되기 위한 내부 권력투쟁이 진행되고 북한 지도체제가 변화하는 과정에서 북한과 인근 국가의 긴장이 고조될 수 있을 것으로 걱정하고 있다"고 설명했다. 클린턴은 "누가 김정일 위원장의 뒤를 이을 것인지에 대한 불확실성을 감안할 때 북한 핵 문제에 대한 전략을 신속히 마련할 필요가 있다"고 강조했다. 그는 특히 "비록 권력 교체가 평화적으로 이루어진다고 해도 이는 불확실성을 증대시킬 뿐 아니라 후계자가 내부 권력을 강화하기 위해 더 도발적인 행동에 나설 수 있다는 점에서 (한반도를 둘러싼) 압력이 가중되고 있다"고 지적했다.

북한에서 김정일 후계 문제는 건드려서는 안 되는 '아킬레스건'이었다. 그런데 클린턴 장관은 북한의 이곳을 잡고 비틀었다. 그의 발언을 두고 북한 정보를 훤히 들여다보고 있을 미국의 외교 수장이란 점에서 "뭔가 구체적인 정보를 토대로 한 말 아니겠느냐"는 관측이 제기됐다.

흥미로운 것은 북한의 반응이었다. 북한이 '최고존엄'이라고 추켜세우는 김정일에게 직격탄을 날린 클린턴과 오바마 행정부에 대해 신랄한 비난과 협박발언을 퍼부을 것은 불문가지였다. 클린턴 장관은 "김 위원장의 건강에 대한 의문들을 고려할 때 어떻게 6자회담을 재개할 것인가, 지금 평양은 누가 책임지고 있으며 앞으로는 누가 책임지게 될 것인가에 대해 (이번에 방문하는) 서울과 베이징에서 조언을 구할 것"이라든가 "남한의 지도자들은 북한이 던지는 호전적인 발언에 대응해 미끼를 물지 말기 바란다" 같은 발언을 했다. 평양의 최고지도부를 흥분시킬 수 있는 말이었다. 하지만 북한은 별다른 반응을 보이지 않았다. 클린턴 장관의 발언 직후 미 국무부가 "클린턴 장관의 발언은 국무부의 입장을 대변한 것"이라고 밝혔지만 북한은 이에 대해 반응하지 않았다. 서울을 방문한 힐러리 장관이 2월 20일 유명환 외교통상부 장관과의 회담 뒤 가진 회견에서 북한을 '폭정(tyranny)'이라고 지칭했지만 마찬가지였다. 부시 행정부 시절인 2005년 1월 콘돌리자 라이스 당시 미 국무장관 지명자가 인사청문회에서 북한을 쿠바, 이란 등과 함께 '폭정의 전초기지(Outpost of Tyranny)'라고 규정하자 북한은 이를 빌미로 한동안 6자회담 참석을 거부하기도 했다. 북한으로서는 미국의 '김정일 후계 건드리기'에 섣불리 대응했다가는 본전도 찾지 못할 것이란 판단을 했을 수 있다. 그만큼 김정일의 건강 문제가 심각했고 이로 인한 북한 권력 내부의 충격파가 컸음을 알 수 있는 대목이다.

최대변수는 김정일 건강

사실 북한 후계문제에 있어 최대 변수는 김정일의 건강이다. 그가 얼마나 버텨주느냐에 따라 김정은 후계체제가 안착하느냐 파국을 맞느냐가 결정될 수 있다는 점에서다. 2008년 8월 김정일이 뇌졸중으로 쓰러져 공개 통치활동에 한동안 공백이 생기자 정부 당국은 상황파악과 함께 원인분석에 들어갔다. 결론은 당뇨·심장병 등 지병에 한여름 무더위가 겹쳐 벌어진 사태라는 것이었다. 김일성은 묘향산에서 남북 정상회담을 준비하다 죽음을 맞았고, 김정일은 함경도 현지시찰을 강행한 뒤 쓰러지게 됐다는 것이다. 특히 두 사람 모두 여름철의 과중한 통치 활동 중 건강에 이상이 생긴 것이란 공통점이 있다는 얘기였다. 북한 체제의 특성상 최고 권력자 한 사람이 모든 것을 결정해야 하는 부담에다 삼복더위까지 겹치면서 결국 몸이 지탱하지 못하고 쓰러졌다는 분석이다. 김정일은 뇌졸중으로 쓰러질 당시인 2008년 7~8월 강원도와 함경남도의 군부대와 산림경영소 등 경제시설을 잇따라 찾았다. 군부를 다독이고 경제난 극복을 독려하기 위해 최고지도자

2010년 7월 폭염 속에 원산지역 발전소를 방문한 김정일

가 직접 현장을 찾는 이른바 현지지도였다. 이때는 북핵 문제가 다시 꼬여 북·미 관계 개선에 대한 기대가 어려워지는 상황이었다. 이명박 정부 출범 이후 북한의 반발과 강경책으로 남북 문제도 최악으로 치달아 외부로부터의 식량 조달도 힘들어졌다. 북한 경비병에 의한 남한 관광객 피격 사망사건으로 금강산 관광이 중단돼 북한으로 유입되는 달러 현금도 돈줄이 말라버리는 등 김정일이 극도의 스트레스를 받았을 것이란 관측도 나왔다.

김일성의 사망 직전에는 더 극한 상황이었다. 1994년 6월 미국의 북한 핵 시설 폭격 검토로까지 치달던 위기는 같은 달 17일 지미 카터 전 미국 대통령의 방북으로 겨우 불을 껐다. 김영삼 대통령과의 사상 첫 남북 정상회담이 합의된 상황이라 준비도 시급했다. 여기에 피폐한 경제는 골칫거리였다. 사망 며

칠 전 경제부문 책임일꾼 회의에서 그는 극도로 흥분한 것으로 북한이 제작한 영상자료에 나타난다. 김일성은 회의에 참가한 선박공업부장(장관급)을 일으켜 세워 "몇 해 전 대형 짐배(화물선) 100척을 짓겠다고 하더니만 지금 해놓은 게 왜 아무것도 없느냐"며 언성을 높이며 다그치기도 했다. 80세가 넘은 고령에 한쪽 눈을 수술한 그는 시력도 시원찮았다. 결국 묘향산 특각에 머물던 그는 갑자기 심근경색 증세를 보여 7월 8일 새벽 2시 숨을 거둔 것으로 북한은 34시간 뒤 공식 발표했다. 때마침 내린 폭우로 헬기 후송이 늦어져 손도 쓰지 못한 채 숨진 것으로 한·미 정보당국은 감청자료 등을 토대로 결론 내렸다고 한다.

미 대사관, 김정일 수명을 점치다

김정일의 건강상태가 좋지 않음을 보여주는 언급은 미 행정부의 고위 관계자들의 입에서도 나왔다. 한반도 문제 책임자인 커트 캠벨 국무부 동아시아태평양 담당 차관보는 방한 중이던 2010년 2월 3일 열린 비공개 간담회에서 김정일의 수명에 대해 "모든 의학적 정보를 종합할 때 3년 정도로 생각한다"고 말했다. 당시 캠벨은 미국 대사관에 고위 탈북자 등을 비공개로 초청해 북한 정세와 후계 문제 등에 대해 1시간 30분쯤 의견을 교환했다. 이 자리엔 캐슬린 스티븐스 주한 미국대사도 참석했다. 캠벨 차관보는 대화 도중 '김 위원장이 얼마나 생존할 것으로 보느냐'는 취지의 질문을 했다. 참석자 A는 "한 5년쯤은 가지 않을까"라고 했고, 참석자B는 "5년을 넘기기는 어려울 것"이라고 말했다. 그러자 캠벨 차관보는 "모든 의학적 정보를 종합할 때 참석자B 말이 맞는 것 같다. 3년 정도로 생각한다"고 말했다.

캠벨 차관보는 또 간담회에서 김정일에서 김정은으로 이어지는 권력 승계 양상이 김일성·김정일 세습 때와 비교할 때 "Totally different(완전히 다르다)"란 표현을 썼다. 김정일은 10년 이상 후계 수업을 받았지만 김정은은 그런 과정이 없다는 취지였다. 미국은 스위스 국제학교에서 김정은을 가르쳤던 선생님들을 인터뷰해 김정은의 성격·지적 능력 등을 탐문했다고 한 참석자가 전했다. 당시 참석자들은 "북한 후계는 김정일이 임명하면 끝이기 때문에 김정은 세습에 큰 문제가 없다", "김정은에게 후계가 넘어가면 2년 안에 큰 혼란이 있을 것이다", "(혼란이) 2년은 아니고 4~5년 내에 벌어질 것이다", "지금 북한 주민들의 내재된 울분을 이용하면 북한 변화를 이끌어 낼 수 있다"는 등의 말을 했다. 캠벨 차관보는 간담회 말미에 "(참석자 발언에) 김정일 체제가 오래가지 않을 것이고, 어린 김정은에게 권력이 급속히 집중되는 상황이 우려스럽다는 취지로 이해하겠다"고 정리했다고 참석자들이 전했다. 한 참석자는 "90년대 중반 북한의 쿠데타 시도와 숙청 등을 얘기했는데 차관보가 관심을 보였다"고 했다.

미국이 2009년 말부터 한국 측에 북한 급변사태를 대비한

한·미 연합훈련을 제안해 오는 것도 '김정일 수명'에 대한 이런 판단이 한몫하고 있을 것이란 관측이다. 마이클 멀린 미 합참의장은 2009년 10월 서울에서 열린 한미 군사위원회(MCM) 회의 때, 월터 샤프 주한미군사령관은 2010년 초 우리 군에 '급변사태 대비 연합훈련'을 각각 제안한 것으로 파악되고 있다. 한미 연합군은 김정일 유고 등 급변 상황을 대비한 '작전계획 5029'를 마련했지만 실제 연합훈련을 실시한 적은 없다. 미국은 2009년 8월 빌 클린턴(Clinton) 전 대통령이 북한에 억류된 로라 링과 유나 리 등 미국 여기자 2명의 석방을 위해 김정일을 만날 때 응급의학 전문의를 동석시키는 등의 방법을 동원해 김정일 건강 정보를 다각적으로 수집해온 것으로 전해졌다.

_____ 후계수업… 시간이 없다

후계자로 김정은이 부상하면서 관심은 언제 어떻게 김정일이 자신의 권력을 아들에게 넘겨줄지에 모아지고 있다. 2010년 9월 당 대표자회에서 대장호칭과 당 중앙군사위 부위원장 직위를 부여함으로써 본격적인 후계자 옹립과정에 접어들었기 때문이다. 누가 김정일의 뒤를 이어 절대 권력의 자리를 거머쥐느냐 하는 문제를 두고 혼선을 빚던 상황에서 선택의 폭은 하나로 좁혀진 것이다. 김정일의 건강이상 문제가 불거진 이후 대북정보를 총괄하는 국가정보원의 후계관련 비밀파일에 김정은을 제외한 나머지 아들들의 자료가 떨어져 나간 것은 사실이다. 특히 3차 노동당 대표자회를 계기로 김정은에게 공식직위가 부여되면서 대북 정보감시망이 김정은 관련 첩보의 수집에 초점을 맞추게 되는 형국이다.

물론 김정은이 하루아침에 당장 후계권력을 모두 넘겨받게 될 가능성은 적다. 김정일이 국방위원장 같은 자신의 핵심 지위에 대해서는 마지막까지 권력의 끈을 놓지 않을 것이란 판단에서다. 정부 핵심관계자는 "언론과 전문가들은 김정은 공석등장만 관심을 두는데, 북한은 김정일 총비서 재추대에 더 방점을 두고 있는 점을 눈여겨 봐야 한다"고 말했다. 김일성은 94년 7월 심근경색으로 급사할 때까지 '국가 주석'직을 유지했다. 또 김정일은 김일성 사후는 물론 98년 김정일 체제가 공식 출범할 때도 주석지위는 건드리지 않았다. 김일성을 영원한 수령, 영원한 주석이란 자리에 올려놓겠다는 취지에서다.

이런 정황 때문에 김정일 권력과 김정은의 승계권력 사이에 연결고리가 필요할 것이란 전망도 나온다. 김정일은 아직 김정은에게 제대로 된 후계수업을 시키지 못했다. 김정일은 김일성이 62세이던 1974년 후계자로 공식지명돼 94년 권력을 넘겨받을 때 까지 20년간 공식 후계작업을 했다. 김정일은 자신의 경험을 토대로 할 때 아무리 압축식으로 제왕학을 가르친다해도 적어도 몇 년 더 시간이 필요할 것이란 점을 절감하고 있을 것이란 얘기다. 불가피할 경우 부자세습에 의한 후계구도가 갖춰지지 않은 상태에서의 취약점을 보완하기 위해 군부나 노동당의 집단지도체제가 교량역할을 가능성도 배제할 수 없다.

군부 주도의 집단지도체제는 세대별·직책별로 역할분담을 하는 형태가 될 수 있다. 당 대표자회에서 김정은과 함께 노동당 중앙군사위 부위원장에 올라 최고실세로 떠오른 이영호 총참모장 등이 견인차 역할을 할 가능성이 제기된다. 노동당 주도의 집단지도체제가 들어설 경우 실세인 장성택 국방위 부위원장 겸 당 행정부장이 중요한 역할을 할 가능성이 점쳐진다. 장성택 부장이 맡고 있는 행정부장은 공안기관을 총괄하는 자리로 국가안전보위부와 검찰·재판소 등 권력기관을 통제할 수 있는 위치에 있다.

_____ "혈연이라고 추대 않으면 곤란"

후계문제와 관련한 북한의 기본입장은 이른바 수령론과 후계자론에 잘 나타나 있다. 김정일은 "수령의 위업을 고수하고 완성해나가는 것은 혁명의 운명과 관련되는 중대한 문제"라고 교시함으로써 김일성으로부터 자신을 거쳐 후대에 이어질 혁명의 계승문제가 중차대한 일임을 강조했다. 북한 노동당의 이론가들은 자신들이 영원한 수령으로 받드는 김일성의 위업을 계승하는 문제가 장기적인 과제인데다 간고성·복잡성·심각성으로 표현되는 성격을 띤다는 점에서 수령의 대를 이어가야 하는 '후계자 문제'가 불가피하게 제기된다고 주장하고 있다. 즉 수령론과 후계자론이 동전의 양면과 같은 불가분의 관계임을 역설하고 있는 것이다.

북한에서 수령의 승계는 단순히 특정 직책을 승계하는 것이 아니라 수령의 '절대적 지위'를 승계하는 것을 의미한다. 수령의 절대적 지위를 계승하는 것을 포기하는 건 곧 김정일과 그 후계자가 최고지도자로서의 권력을 포기하는 것을 의미한다는 점에서 수령 지위의 계승을 외면하는 일은 상상하기 어렵다. 북한은 "노동계급의 당이 수령 후계자의 영도체계를 튼튼히 세우지 못하면 수령의 영도적 지위가 후계자에게 계승되지 못하게 되고, 음모가·야심가들에 의하여 혁명의 명맥이 끊어지며 결국 당과 혁명을 망치게 된다는 것을 역사적 경험은 보여주고 있다"고 강조한다. 북한 노동당이 김정일 후계자 문제를 얼마나 중요한 과제로 생각하고 있는지를 엿볼 수 있게 하는 대목이다.

북한은 '수령의 후계자'가 지녀야 할 덕목으로 5가지를 제시하고 있다. 가장 중요한 요소로는 수령에 대한 무한한 충실성을 꼽는다. 이어 뛰어난 예지와 세련된 영도력, 고매한 덕성을 들고 있고 '빛나는 업적으로 높은 권위를 가지고 있는 인물'이어야 함을 강조한다.

흥미로운 점은 북한이 스스로 부자세습에 대한 외부의 곱지 않은 시선을 의식하고 있고 이에 대한 나름대로의 대응논리를 내놓고 있다는 점이다. 북한은 1990년 평양에서 발간된 한 선전책자를 통해 "후계자로서의 자질과 품격을 훌륭히 갖추고 있는데, 그가 수령과 혈연관계에 있다고 해서 주저하고 그를 후계자로 추대하지 않아서는 곤란하다"고 밝히고 있다. 수령과 혈연관계에 있는 걸출한 인물이 후계자로 추대되는 경우 그것을 덮어놓고 '세습제'라고 악평하려 드는 사람이 있는데, 이것은 "매우 비이성적이고 반역사적인 사고"라고 주장하는 것이다. 북한의 이런 논리는 김일성으로부터 김정일로의 권력승계를 정당화시키기 위한 것이었지만 이제 김정일에서 김정은으로 이어지는 3대 세습을 겨냥한 것으로 활용될 상황에 처했다. 북한은 이같은 논리에 의해 김정일에 의한 김일성의 권력 승계를 정당화하였는데, 이 논리를 여전히 고수한다면 향후 김정일의 아들에 의한 권력승계까지도 같은 방식으로 정당화할 수 있을 것이다.

26세 후계자 떠받들 그룹은 평균연령 74세

김정일과 김정은의 권력 승계 과정은 커다란 차이가 있다. 김정일은 당에서 업무를 시작해 마지막으로 군을 장악했다. 반면 김정은은 군권을 확보한 뒤 당쪽으로 진입하는 길을 걷고 있다는 분석이다. 노동당이 절대적 우위를 보이던 1970~80년대의 사회주의 근본주의 시기와 선군정치가 지도노선인 현재의 정치 상황 차이 때문으로 보인다.

김정일은 1964년 대학 졸업과 더불어 노동당 조직지도부 중앙지도과 지도원으로 당에 첫발을 내디뎠다. 이후 조직지도부에 있으면서 김일성 반대파를 숙청하는 작업을 주도했다. 김정일은 67년 4월의 당 중앙위 제4기 15차 전원회의에서 박금철 비서, 이효순 대남사업 총국장, 김도만 선전선전부장 등 이른바 '갑산파' 주요 간부 20여 명을 당에서 쫓아냈다. 또 '수령론'에 입각해 '당의 유일사상(주체사상)체계'를 확립했다. 이 회의 직후 김정일은 노동당 선전선동부 문화예술지도과장으로 자리를 옮겨 유일사상체계의 확립을 위한 '사상투쟁'을 벌여 나갔다. 김일성 우상화 작업을 본격화한 것이다.

김정일은 70년 선전선동부 부부장, 73년 조직지도부장 겸 선전선동부장, 73년 9월 당 조직 및 선전 담당 비서를 거쳐 74년 후계자로 확정됐다. 후계자가 된 이후 국방위원회 제1부위원장(90년), 최고사령관(91년), 국방위원장(93년)에 오르면서 군권을 장악했다.

이에 비해 김정은은 인민군 대장이 현재까지 확인된 첫 공식 직위다. 당 중앙군사위 부위원장 직책으로 권력 승계작업을 시작한 것으로 볼 수 있다. 김정일은 후계자로 지명되기까지 권력을 쟁취한 측면이 강하다. 당 지도원→과장→부부장→부장→비서를 거치면서 능력을 과시할 수 있었다. 반면 김정은은 경험이 거의 없다. 아버지의 후광을 지렛대 삼아 '만들어진 후계자'의 인상이 짙다. 김정일은 최현·오진우·전문섭·이종옥 등 빨치산 1세대들의 적극적인 지원 속에 후계자가 됐다. 하지만 김정은은 고모 김경희와 고모부 장성택 등 가족들에게 의지하는 측면이 강하다. 무엇보다 현재의 북한 정치·경제 상황은 과거와 딴판이다. 김정일은 김일성이 건재하고 북한 경제가 괜찮았던 시점에 후계자가 됐다. 반면 김정은은 김정일의 건강이 온전치 못하고, 경제난도 극심한 상황에서 후계자의 길을 걷게 됐다. 국제사회에서 북한 급변사태론이 부상하고, 중국의 대북 접근을 우려하는 목소리가 나오는 것은 이 때문이다.

후계자 김정은을 떠받들고 나갈 평양 파워그룹의 면면을 살펴보면 우려스런 대목도 적지 않다. 2010년 9월 노동당 대표자회 과정에서 선출된 정치국 상무위원 5명과 위원 17명, 후보위원 15명의 평균연령은 선출시점 기준으로 74세에 이른다. 상무위원이 위원을 겸하는 점과 김정일·김경희 두 명을 제외한 30명을 대상으로 한 결과다. 70대 중반의 고령 인사들이 어린 후계자 김정은을 옹립해야 하는 상황이 된 것이다. 노동당의 최고 핵심이라 할 정치국 상무위원회는 5명의 멤버 중 위원장인 김정일을 제외하고 김영남 최고인민회의 상임위원장, 최영림 총리, 조명록 국방위 제1부위원장이 80대였다. 이영호 총참모장만이 60대로 김정일과 동갑이다. 30명 중 80대가 12명으로 가장 많은 비율을 차지하는 것만봐도 노령화의 정도를 알 수 있다. 일각에서 세대교체라고 표현하는 게 무색할 정도다. 최고령자는 정치국 위원인 김국태 검열위원장으로 86세이다.

평양으로 돌아온 금고지기 이철

후계문제와 관련해 중요한 대목 중의 하나는 돈줄이다. 김정일의 통치자금이 언제 어떤 방식으로 김정은의 주머니로 흘러 들어가느냐 하는 것이다. 김정은 후계체제의 터고르기 작업이 한창 탄력을 받던 2010년 3월에는 이철 제네바 주재 북한 대사의 갑작스런 귀환소식이 화제가 됐다. 그가 30년간의 스위스 생활을 접고 평양으로 돌아갔기 때문이다. 이철은 김정일의 비자금을 관리해온 인물로 알려져 있다. 또 김정은과 김정철 등 김정일의 자녀들의 유학생활을 챙겨준 독특한 경력을 갖고 있다. 외교가에서는 이철이 나이가 많은 데다 스위스에 너무 오래 주재한 점 등이 고려됐을 것으로 보면서도 북한 후계구도와의 관련성에 촉각을 곤두세웠다. 이철은 1980년 제네바 주재 북한 대표부 공사로 부임했으며 1988년부터 스위스 대사를 겸임했다. 그는 김정일이 가장 신임하는 측근 중 한 명이었다. 김정은의 경우 이철의 보호를 받으며 유학을 했다.

이철은 한·미 정보당국이 김정일 비자금의 관리인으로 지목해 동향을 면밀히 감시해온 인물이다. 2006년 4월 크리스토퍼 힐 미 국무부 차관보가 '북한이 6자회담에 계속 불

2010년 3월 25일 평양귀환중 베이징 공항에서 포착된 이철
일본 TBS TV화면

참하면 스위스 은행에 개설된 김정일의 40억 달러 계좌를 조사할 수 있다'는 취지의 발언을 했을 때 이철은 성명을 통해 "황당무계하다"며 비자금설을 부인하기도했다. 2008년 12월 프랑스 일간지 '르 피가로'는 "제네바는 북한의 비자금 관리처인 동시에 세계로 열린 창구 역할을 한다"고 보도한 바 있다. 또 1991년부터 김일성과 김정일의 지병 치료를 위해 프랑스 의료진을 북한으로 데려가는데도 이철이 핵심 역할을 했다.

이철에 대한 이런 관측은 그가 평양으로 돌아간 뒤 별다른 활동이 드러나지 않자 묻히는 듯했다. 하지만 넉 달 뒤인 7월 28일 대북 단파라디오방송인 열린북한방송은 "미화 40억 달러 규모로 알려진 북한 김정일 국방위원장의 해외 은닉 비자금을 후계자인 셋째 아들 김정은에게 넘겨주는 작업이 이철 전 스위스대사의 주도 아래 진행되고 있다"고 전했다. 이 방송은 "이철 전 스위스대사가 지난 3월 북한으로 돌아간 이유는 김정일의 해외 은닉 비자금을 김정은에게 점진적으로 넘겨주기 위한 것"이라고 밝혔다.

화폐개혁 실패에 후계구도 휘청

파탄 상황에 빠진 북한의 경제를 어떻게 되살리느냐는 김정은 체제의 원만한 출범을 보장하는데 선결조건이다. 하지만 상황은 녹록지 않다. 식량·달러·에너지로 대표되는 3가지 주요 물자의 부족을 일컫는 '3난(難)'은 북한 경제를 상징하는 단어가 됐다.

북한은 2009년 11월 30일 전격적인 화폐개혁을 단행했다. 이를 두고 물가 상승과 화폐 가치의 하락으로 나타난 인플레이션을 잡기 위한 것이라거나 개인 장사를 통해 몰래 축적된 부와 부정축재 재산을 장롱 속에서 끌어내리려는 조치라는 등의 풀이가 나왔다. 특히 김정은으로의 후계체제를 공고히 하려는 포석이란 관측도 제기됐다. 후계체제의 원만한 구축을 위해서는 주민들에게 '강성대국 진입의 해'로 공언한 2012년을 겨냥해 경제성과를 내야한다는 측면에서다.

북한이 화폐개혁 며칠 뒤인 12월 3일 공개한 신권도 김정은 후계문제와 맞물려 관심이 쏟아졌다. 우선 김일성이 들어있는 고액 지폐가 크게 줄어 김정일 시대를 반영한 것이란 관측이 나왔다. 옛날 돈 5000원·1000원·100원권에는 김일성 사진이, 500원권에는 김일성이 집무실로 쓰던 금수산기념궁전 전경이 들어 있었다. 새 지폐에는 5000원권에만 그의 사진을 넣었다. 새로 발행한 2000원권에는 김정일의 생가라고 북한이 주장하는 백두산 밀영을, 1000원권에는 김정일의 생모인 김정숙의 함북 회령 생가를 넣었다. 고액권이 김일

성가(家)로 채워지면서 3대 후계를 암시하는 것 아니냐는 분석도 나왔다.

화폐개혁은 심각한 후유증을 겪었다. 화폐개혁 초기 물가 폭등과 시장 폐쇄 조치 등을 둘러싸고 평양은 물론 지방 도시 곳곳에서 극심한 혼선이 빚어졌다.

결국 화폐 개혁 실패의 책임을 지고 박남기 노동당 계획재정부장이 100여 일 만인 2010년 3월 12일 평양에서 공개 총살됐다는 보도가 나오는 등 엄청난 후폭풍이 밀려왔다. 국가정보원도 2월 23일 정보위 보고에서 화폐개혁으로 인해 북한의 주민과 정부 당국 간에 갈등이 생겼다고 밝혔다. 또한 북한의 외자 유치 시도가 실패로 끝날 가능성도 밝혔다. 인플레이션을 잡는 데 외자 확보가 불가피한 상황인 점을 감안하면 북한이 탈출구를 찾기가 만만치 않다는 분석으로 보인다.

핵을 쥔 후계자 김정은의 선택

두 차례의 핵실험을 거친 북한이 2010년 5월 갑자기 핵융합 카드를 들고나와 논란이 일었다. 북한 조선중앙통신은 5월 12일 "핵융합 반응에 성공했다"고 주장하고 "핵융합 성공은 비약적으로 발전하는 조선의 첨단과학기술 면모를 과시하는 일대 사변"이라고 주장했다. 또 "독특한 열핵반응장치가 설계 제작되고 핵융합과 관련한 기초연구가 끝났으며 열핵기술을 우리 힘으로 완성해 나갈 수 있는 강력한 과학기술 역량이 마련됐다"고 강조했다. 북한은 상세한 실험 내용이나 데이터 등은 공개하지 않았다.

하지만 북한의 기술 수준으로 미뤄 핵융합을 통한 에너지 창출이나 수소폭탄 제조는 신빙성이 떨어진다는 것이 전문가들의 평가다. 이 때문에 북한의 발표에는 다른 의도가 깔렸다는 분석이 나왔다. 당시 천안함 침몰이 북한 소행으로 좁혀지는 상황에서 수세 국면을 돌파하기 위해 핵융합 카드를 꺼냈다는 것이다. 또 김정은 후계체제 구축에 박차를 가하려는 움직임이란 풀이가 눈길을 끌었다. 북한은 "태양절(김일성 생일인 4월 15일)을 맞는 뜻깊은 시기에 핵융합이 성공했다"고 전했다. 보도 내용을 꼼꼼히 보면 핵융합이 '인공태양' 기술로 불리는 점과 태양절을 교묘하게 결합시킨 정황이 드러난다. 핵융합을 '일대 사변'이라고 주장하면서도 성명이나 담화 같은 공식 발표가 아니라 노동신문 보도를 관영통신이 인용하는 비공식적인 형태를 택한 점도 지적됐다. 북한도 '실험 수준의 핵융합'임을 알면서 체제 결속을 다지려 부풀렸음을 보여주는 정황이라는 게 당국의 분석이었다. 북한이 2009년 5월 실시한 두 번째 핵실험을 놓고도 후계구도와의 관련성이 집중 제기됐다. 핵실험에 이어 대륙간탄도탄(ICBM) 시험발사 징후까지 드러난 가운데 북한의 핵전략은 '3대 세습을 위한 후계용'이라는 분석이 국내외에서 급부상한 것이다. 북한이 사거리 4000㎞ 안팎의 중거리탄도탄(IRBM) 시험발사에만 성공해도 군사전략적 발언권은 크게 높아진다. 미국 본토는 타격하지 못해도 일본 본토는 물론 한반도 유사시 증원 전력이 밀집하는 괌(서울에서 3200km)이 사정권에 들어간다. 중국 베이징(1300여km)도 포함된다. 핵을 보유한 김정은 정권은 한반도 주변 4강 모두에 까다로운 존재가 된다. '핵보유국 북한'과 '핵을 갖지 않은 북한'은 군사전략적으로 전혀 다르다는 얘기다. 북한의 후계 정권은 재래식 전력의 열세와 경제난 속에서도 군사적인 '한 방'으로 정권의 마지막 안전판을 삼으려 할 수 있다는 전망도 나왔다.

하지만 핵 보유에 대한 미국 등 국제사회의 싸늘한 시선을 어떻게 극복할지는 후계자 김정은 몫으로 남겨진 과제다. 미국은 핵을 가진 북한과 김정일 후계체제를 용납할 수 없다는 입장을 분명히 하고 있다. 힐러리 클린턴 미국 국무장관은 2010년 9월 8일 워싱턴에 있는 미국외교협회(CFR)에서 가진 연설에서 북한에서 후계자가 누가 되든 북한은 반드시 핵을 포기해야 한다고 강조했다. 클린턴 장관은 이 연설에서 미국이 북한에 보내는 메시지는 늘 똑같은 것이라면서 북한은 핵에 대한 야망을 포기하라고 거듭 강조했다.

김정은이 남북정상회담에 나온다면

김정은은 북한 최고지도자 김정일의 후계자이다. 김정일은 '국방위원장' 직함으로 2000년과 2007년 김대중·노무현 대통령을 각각 상대했다. 김정은이 아버지로부터 전권을 넘겨받으면 그는 남한의 대통령과 대면할 수 있다. 김정일의 건강 문제나 유고 상황으로 나설 수 없게 된다면 유일한 대안인 그가 남북정상회담의 새로운 북측 파트너로 나설 수밖에 없다.

이명박 대통령은 이런 상황을 가정한 언급을 내놓아 화제가 됐다. 2010년 9월 7일 러시아 국영TV와의 인터뷰에서다. 러시아 방문 중이던 같은 달 10일 방영된 인터뷰에서 이 대통령은 "만일 김정은이 권력을 승계했을 경우 대통령께서는 북한의 카운터파트로 김정은을 만났을 때 어떤 느낌을 가지실지요?"라는 질문을 받았다. '러시아24TV'의 여성 앵커 마리나 킴이 던진 질문이다. 그녀는 아버지가 고려인인 3세대로 비중있는 러시아 신진 언론인으로 평가받는 인물이다. 이 대통령은 "차세대 지명자가 되었다고 해서 카운터파트가 되는 것은 아니고…"라고 피해갔다. 하지만 집요한 앵커의 질문이 이어졌다. "그럼에도 불구하고 만약에 김정은과 대통령님의 만남이 성사될 경우에 김정은의 나이가 어린 점이나, 젊음이 단점이 될까요? 아니면 플러스 요인이 될 수 있을까요?"라는 언급이었다. 이 대통령은 "혹시 김정일 위원장하고 만나게 될 때 옆에 같이 앉으면 자연스럽게 만날 수 있으니까…"라고 말했다. 이어 "그러나 카운터 파트는 아니니까 옆에서 함께 나오면 같이 만나서, 만날 수 있을테니까. 그게 뭐… 특별한 의미가 있는 것은 아닙니다"라고 선을 그었다. 이 대통령의 이런 언급은 후계자 김정은에 대한 한국 대통령의 첫 언급이었다. 또한 그를 대통령의 카운터파트로 간주할 것인가 여부에 대한 판단을 담은 발언이란 점에서 관심을 끌었다.

이 대통령은 북한의 후계 권력체제에 대한 비판도 내놓았다. 그는 "결국 3대 세습입니다. 김일성으로부터 김정일 위원장, 그 다음 … 3대 세습이 되겠습니다만, 그 세습을 할 수 있느냐 없느냐는 것은 북한 내의 사정이기 때문에 우리는 뭐라고 언급할 수 없고 또 잘 알지 못합니다"고 강조했다. 이 대통령은 "김정은에 대해 알고 계시는 점이 있느냐?"는 질문에 "거의 안 알려져 잘 모릅니다"라고 답했다. 대통령이 북한의 후계자에 대해 별다른 정보를 갖고 있지 못하다는 취지의 말이었다. 또 "화면에서 보니까 사진도 아주 어렸을 때 것이라 현재 어떤 모습인지, 어떤 사람인지 잘 모르고 있다"고 말했다. 김정은의 최근 사진을 국가정보원이 비공개리에 확보하고 있고 이런 정보는 원세훈 국가정보원장의 '블루노트'(국정원의 청와대 보고용 자료파일)에 담겨 보고됐다는 일각의 관측과는 거리가 있는 대통령의 발언이었다. 이 대통령은 이로부터 3주일 후 북한이 공개한 김정은의 얼굴을 접할 수 있었다.

에필로그

북한 후계에 대한
몇 가지 생각

봉건 독재 청산 어려워

사회주의 국가에서 권력승계가 이뤄진 사례는 25차례에 이른다. 이 가운데 10여 차례는 권력자의 죽음(피격·병사 포함) 때문이었다. 나머지는 실각 등이 이유였다. 권력자가 생전에 후계자를 지정한 경우도 11차례다. 하지만 북한처럼 부자간 세습을 한 경우는 없다. 할아버지와 아들·손자로 이어지는 조·부·손 직계 3대 세습은 더욱 그렇다. 김정일 국방위원장이 자신의 아들에게 권력을 물려주려면 부담을 느낄 것이란 관측과 함께 '설마 3대 세습을 강행하겠느냐'는 지적이 나왔던 것도 이런 배경에서다. 북한도 이를 의식한 때문인지 90년대 초부터 "수령과 혈연관계에 있는 걸출한 인물이 후계자로 추대되는 경우 그것을 덮어놓고 세습제라고 악평하려 드는 사람들이 있다"며 "이는 매우 비이성적이고 반역사적인 사고"라고 주장해 왔다. 3대에 걸친 특출한 인물이라 세습을 않을 수 없단 강변이다.

김정일의 아들이 후계자로 지명되면, 김일성 시대와 김정일 시대의 부정적 유산들을 청산하기 어렵게 될 게 분명하다. 현재의 봉건적 수령 절대독재 체제가 온존할 가능성이 크다. 김정일도 사후 등장할 제3의 후계자가 자신에 대한 격하운동 등 비판적 태도를 취할 상황이 우려스러울 수밖에 없다. 아들로의 후계를 강행한 것은 봉건적 독재체제인 '조선민주주의인민공화국'의 어쩔 수 없는 선택이다.

'후계자로 내정되신 분' 김정은

2010년 3월 4일 한 조찬 강연장에서는 정부 고위 당국자가 김정은에게 '후계자로 내정되신 분'이라고 극존칭을 썼다. 베테랑 외교관 출신인 그는 노무현 정부 시절 요직을 거쳐 이명박 정부의 출범과 함께 정부의 외교안보부처 업무를 총괄 조정하는 자리를 맡았다. 그는 "김정일 국방위원장께서 건강을 회복하고 국정 전반을 장악해 북한 정권은 붕괴로 가지 않고 당분간 계속될 것"이라고 강조했다. 또 김정은이 "상당히 빠른 속도로 권력에 자리 잡고 있는 것으로 추측된다"고 말했다. 강연 내내 그는 김정일에 대해 '께서'라는 표현을 붙였다. 또 김정은을 '후계자로 내정되신 분'이라고 수차례 표현했다. 그렇게 하는 이유를 질문받자 "그분(김 위원장)이 한 국가를 다스리는 분이라 공개석상에서 예의를 지키는 게 맞다고 생각했다"고 설명했다. 이런 태도를 통해 그는 '매너있고 경우바른' 외교관이란 평가를 받을 수 있다. 하지만 외교안보를 총괄하는 당국자로서 북한 후계문제에 대한 그의 패러다임이 적확했는지에 대해서는 논란의 소지가 많다. 봉건적 김일성 가계의 대물림 독재에 대해 비판적 시각을 찾아보기 어려운데다 3대 세습체제에 대한 국민들의 인식과 적지 않은 거리가 있는 것도 부인할 수 없는 사실이다.

"확실한 건 김정일도 언젠가 죽는다는 것 뿐"

김정일 후계체제와 관련한 정보를 추적하는 대북 정보요원들과 전문가·당국자들 사이에는 "확실한 건 김정일도 언젠가는 죽는다는 것 뿐"이란 말이 자주 나온다. 그만큼 김정일 체제의 향배와 후계문제를 들여다보고 분석·전망하는 게 쉽지 않다는 얘기다. 베일에 쌓여있는 북한 권력의 속사정을 들여다보는 건 어렵다. 김정일을 위시한 로열패밀리들의 복잡한 이해 관계는 더욱 그렇다. 후계문제와 관련한 정보당국의 판단이나 관련 첩보·정보를 들여다본다 해도 어느 것 하나 확실하게 단언할 수 있는 건 없는 실정이다. 상당 부분의 정보는 '~라 카더라'는 전언수준이다. 첩보 수준의 이야기와 정보에 역정보까지 뒤섞여 판단을 어렵게 하고 있다. 무엇보다 후계문제에 최대 변수 중 하나인 김정일의 건강상태조차 정확히 파악되지 않고 있는 것이 현실이다. 그동안의 후계논의는 이런 현실 속에서 확인이 불가능한 설이나 첩보에 기초를 두고 상당부분 전개돼 왔다. 북한 권력의 판도를 '누가 누구와 친하더라'는 식의 설이나 관측에 의존하는 게 대표적이다. 막연한 추정이나 기대 섞인 관측이 아니라 북한의 권력변화에 대한 면밀한 연구와 정보축적을 토대로 한 대응 전략의 마련이 필요하다는 얘기다.

후계문제를 보는 철학적 빈곤

3대 세습이란 전대미문의 상황이 벌어지고 있지만 이에 대한 비판적 접근이나 고심의 흔적은 드러나지 않는다. 당국이나 관련 부처도 문제의식을 느끼거나 적절한 대응책을 내놓지 못하고 있는 형국이다. 북한의 후계문제를 보는 우리 사회의 철학적 빈곤을 드러내고 있는 것이다.

김정일은 어쩌면 자신의 후계구도 구축에 '대성공'을 거두었다 생각할 수 있다. 아버지로부터 절대권력을 넘겨받은 그는 아들에게까지 봉건왕조에서나 볼 수 있을 3대 세습의 밑그림을 그렸다. 이에 대한 국제사회의 비판과 안팎의 저항과 도전에 직면하는 상황을 각오해야 했던 그로서는 생각보다 상황이 손쉽게 전개된다고 판단할 수 있다. 1970~80년대 김정일의 후계체제 구축과정에서는 내부적인 권력투쟁 못지않게 외부의 비판이 상당한 부담으로 작용했다. 당시 한국 정부는 물론 학계와 사회 전반적으로도 김일성·김정일 부자승계에 대한 문제가 제기됐고 비판서 발간과 관련 연구가 이어졌다.

2008년 여름 건강이상으로 쓰러진 이후 김정일은 후계구축을 서둘렀다. 그런데 아들 김정은을 후계자로 내정하는 상황에서 예상외로 비판은 적었다. 한국과 일본 등 국제사회가 모두 김정일 체제의 후계자인 '김정은이 누구냐'에만 촉각을 곤두세웠기 때문이다. 국내외 학계와 전문가들은 물론 언론도 이런 움직임에 가세했다. 심지어 북한 민주화운동 표방한 일부 탈북자 단체나 북한 인권관련 비정부기구(NGO)들도 '김정은 띄우기'에 힘을 보태는 기형적인 상황이 계속되고 있다. 북한은 후계구도 구축을 위한 '속도전'을 벌이고 있지만 우리의 대처는 제대로 된 길을 찾지 못하고 있다.